방송문화진흥총서 156

방송기획과 제작의 이해

방송문화진흥총서 156

방송기획과 제작의 이해
교수가 된 PD의 방송제작 이야기

초판 1쇄 인쇄 2015년 8월 20일
초판 4쇄 발행 2023년 7월 20일

저 자 김 혁 조
펴낸이 임 순 재
펴낸곳 한올출판사
등 록 제11-403호
주 소 서울시 마포구 성산동 133-3 한올빌딩 3층
전 화 (02)376-4298(대표)
팩 스 (02)302-8073
홈페이지 www.hanol.co.kr
e-메일 hanol@hanol.co.kr

값 14,000원 ISBN 979-11-5685-274-2

이 책은 MBC재단 방송문화진흥회의 지원을 받아 출간되었습니다.

방송문화진흥총서 156

방송기획과 제작의 이해

머리말

벌써 학교로 온지 10여년이 되어간다. 방송현장에 있을 때는 학교에 목말라 했고, 이제 학교에 있으니 방송현장이 목마르다. 방송제작 경험을 학생들에게 전해주고파 목말랐던 것이고, 이제는 방송 현업 자들에게 학교의 목소리를 들려주고파 목마르다.

이 책은 이러한 갈증에 대한 작은 결과물이다. 학교에 몸담고 있는 교수이자 지금도 제작을 하고 있는 PD로서 방송현장에서의 경험과 함께 학생들의 목소리를 담으려고 노력했다. 철저히 개인의 경험을 중심으로 독자들을 만나려 애섰다. 또한 독자들이 이해하기 쉽도록 학술적 글쓰기를 최대한 자제했다.

이 책에서는 먼저 방송 기획의 중요성을 이야기했다. 현란한 촬영 기술과 편집 기술 연마에 여념이 없는 학생들을 위해 좋은 기획 방법에 대해 적고 있다. 또한 저자가 현업시절에 직접 작성한 기획서도 제시했다. 이를 통해 학생들은 차별화된 기획방법을 습득하고, 올바른 기획서 작성 방법도 학습할 수 있으리라 기대한다.

또한 방송 기획은 프로그램 기획이 아니라 콘텐츠 기획임을 말했다. 프로그램이 본방 사수라는 제한된 시청관습과 공중파라는 한정된 방송채널을 의미했다면, 콘텐츠는 시간과 공간을 넘나드는 자유로운 시청 범위와 다양한 방송 윈도우를 의미한다. 따라서 방송 기획은 긴 러닝 타임을 갖고 한번 방송되면 끝나는 프로그램 기획이 아니라, 러닝 타임에 구애받지 않고 지속적으로 재활용되는 콘텐츠 기획이어야 함을 이야기 했다.

좋은 기획은 좋은 옷, 즉 적합한 표현방식을 만나야 함도 적었다. 드라마와 다큐멘터리, 종합구성, 취재물 등으로 구분하여 어떤 경우에 이들 옷을 입혀야 할지, 그리고 각각의 특징은 무엇인지 방송현장의 뒷이야기와 함께 기술하였다.

방송 제작현장의 다양한 모습도 엿보았다. 방송제작의 중심이 되는 HD 디지털 스튜디오와 편집실, 주조정실과 부조정실 뿐 만 아니라 세트실과 소품실도 사진과 함께 소개하고 있다. 이를 통해 학생들은 방송사 견학을 가지 않아도 제작현장의 다양한 흔적들과 함께 방송현장을 간접 체험할 수 있을 것이다.

다음으로 방송 제작이 무엇인지에 대해 말하고 있다. 교수의 입장에서가 아니라 제작자의 입장에서 기존의 정의와는 다소 다른 새로운 접근을 해 보았다. '시청자가 하늘'과 같이 학생들이나 아마추어 제작자들이 제작에 임할 때 놓치기 쉬운 바람직한 제작 방향을 학생들과의 대화내용을 곁들이며 제시했다.

전반적인 방송제작 과정에 대해서도 살펴보았다. 방송 아이템 선정에서부터 완성 녹화에 이르는 전 과정을 구체적으로 짚어 보면서 방송제작에 대한 학생들의 이해를 높이려 했다. 학생들은 각각의 방송제작 단계에서 어떤 일이 벌어지는지, 그리고 좋은 제작을 위해서 놓치지 말아야 할 것은 무엇인지를 생각해보게 될 것이다.

마지막으로 학생들을 비롯한 아마추어 제작자들이 실제로 제작할 때 유용한 제작 노하우를 적었다. 카메라 촬영 테크닉과 효과적인 편집방법, 그리고 콘텐츠의 질을 높여주는 완성녹화 방법에 대해 알아보았다.

이 책이 방송 제작이라는 다리를 통해 방송현장과 학교를 잘 연결하고 있는지는 의문이다. 하지만 이 책은 학생들에게 제작현장의 흔적들을 체감하게 하여 영상 콘텐츠 시대에 양질의 제작인력이 될 수 있도록 디딤돌이 되려고 노력했다. 또한 이 책이 방송 현업 자들에게 학생들의 방송제작에 대한 열정을 전달하고, 일반 독자들에게는 방송제작에 대한 이해를 높여 삶에 유익한 방향으로 콘텐츠를 소비할 수 있도록 도움이 되기를 기대한다.

이 책이 나오기 까지 많은 분들이 도와주었다. 저술을 지원해준 방송문화진흥회와 한울 출판사의 임순재 대표에게 먼저 감사의 말씀을 드린다. 그리고 촬영에 협조해준 EBS 선후배들과 책의 곳곳에 훌륭한 모델로 나서 준 우리 강원대 신문방송학과 학생들에게도 감사의 말을 전한다. 또한 아빠의 책 쓰기를 호기심어린 눈길로 지켜봐준 도원과 주원, 그리고 삼식이를 싫은 기색 없이 보담아 준 사랑하는 아내에게도 감사의 말을 전한다.

2015년 8월 형촌 마을에서

김 혁 조

CONTENTS

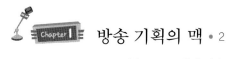

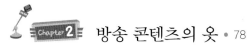

CONTENTS

Chapter 3 방송 제작 현장 엿보기 • 92

Chapter 4 방송 제작이란? • 112

Chapter 5 방송 제작과정 탐색 • 134

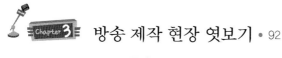

CONTENTS

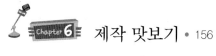

Chapter 1

방송기획의 맥

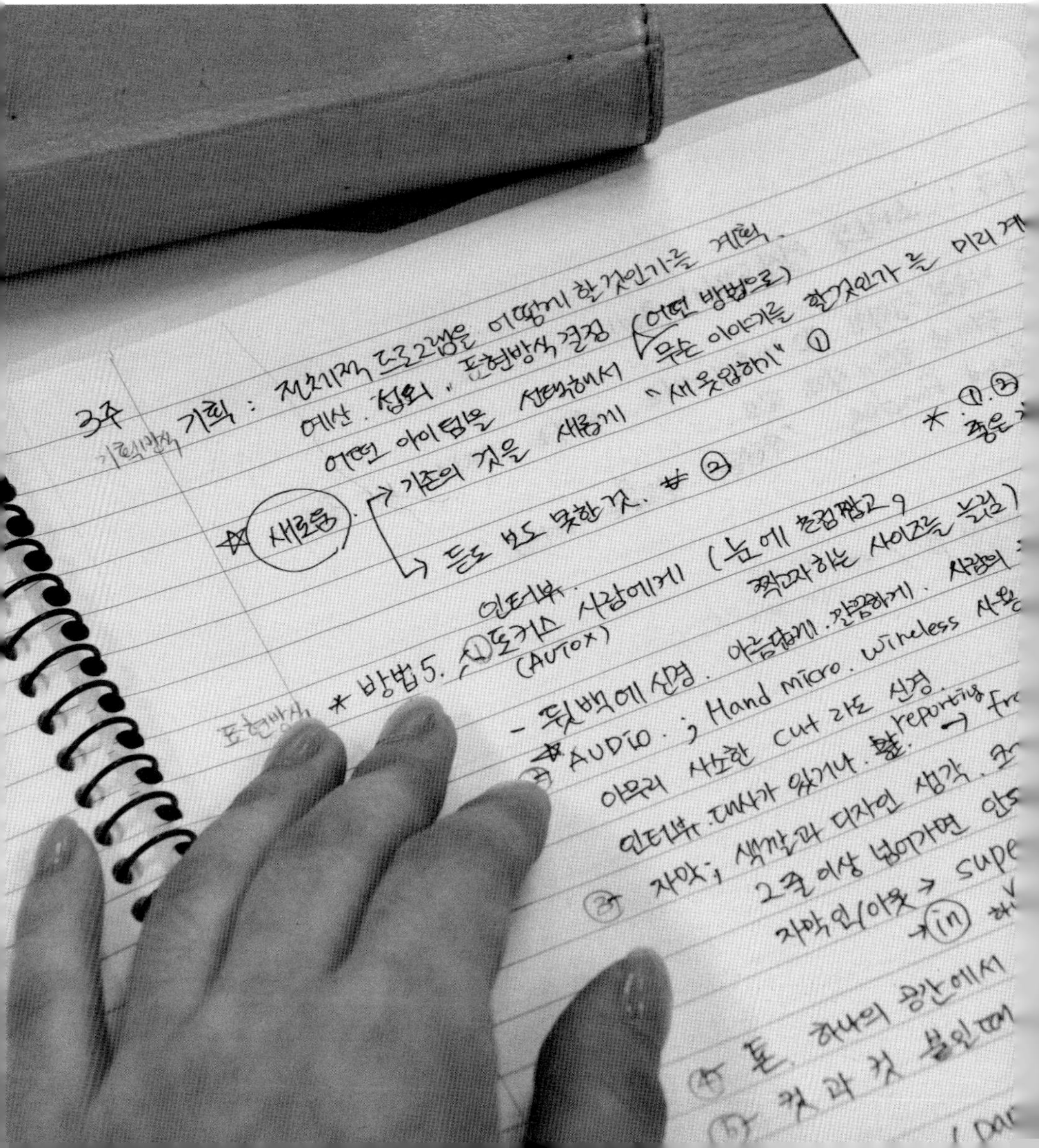

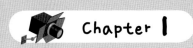

공모전
주최/주관
조건
포맷
제목
주시청대상
기획 의도
'할머니 패션'이라는 것이
에 쫓겨 혹은 나이가
멋을 포기한다.
interview / 대사 / 사전

01 방송 프로그램과 방송 콘텐츠

1. 아날로그 프로그램과 디지털 콘텐츠

모바일 미디어, 스마트 TV, IPTV 등으로 대변되는 현재의 매체환경은 수용자의 관심과 취향을 쪼개고 나누어 세분화시키고 있다. 불특정 다수를 위한 매스 미디어mass media 시대에서 특정한 개인 또는 소수의 취향집단을 위한 개별 미디어individual media 시대로 전환되고 있는 것이다. 방송 내용도 이제는 프로그램program이 아니라 콘텐츠contents로 바뀌고 있다. 프로그램이 아날로그analog 시대의 것이라면 콘텐츠는 디지털digital 시대에 어울리는 말이다.[1] 여기에서는 아날로그 프로그램과 디지털 콘텐츠에 대해 알아본다.

1) 여기에서 말하는 아날로그 시대와 디지털 시대는 역사상의 특정한 시기로 확연히 구분되는 개념이 아니다. 아날로그 시대의 총체적 · 통일적인 특징과 디지털 시대의 개별적 · 분절적인 특징으로 크게 나누어 볼 수 있다는 거친 구분이며 편의적인 나눔이다.

(1) 아날로그 프로그램

먼저 아날로그가 무엇인지에 대해 간단히 살펴볼 필요가 있다. 아날로그 신호는 선형적인 파형의 형태를 취하며, 각각의 파형에 오디오, 비디오 등의 정보를 실어 순차적으로 신호를 흘려보낸다. 이들 신호 중에 어떤 이상이 생기면 그 파형 전체는 쓸모없게 된다. 추억의 아날로그 TV를 떠올려 보자. TV에 이상이 생기면 오디오는 지지직거리고, 비디오는 빗물이 흘러내리게 된다. 이때 대부분은 지붕위에 올라가 안테나를 상하좌우로 조절해 전파를 잡으려 애쓰게 된다. 이는 아날로그 신호 중 어느 한 부분에 이상이 생겨 전체 신호가 망가졌기 때문이다. 아날로그 신호의 부분적인 이상은 전체 정보의 손실을 가져온다.

아날로그 신호의 이러한 기술적 특성은 부분에 이상이 생기면 전체가 쓸모없게 되는 이른바 '전체성 혹은 총체성 문화'와 비유되어 설명될 수 있다. 거칠게 표현하자면 아날로그 문화는 통일성, 정형성, 보편성, 정통성, 불변성, 반복가능성 등의 특징을 가진다. 신세대들이 기성세대를 아날로그 시대의 사람들이라고 말하는 것은 변화를 싫어하고, 정형적으로 고정되어 있으며 보편타당한 것들을 선호하는 사람들을 지칭하는 경우가 많다. 이것이 아날로그 문화의 대표적인 사례라 할 수 있다.

아날로그 프로그램은 이와 같은 맥락에서 이해할 수 있다. 가능한 한 많은 사람들이 들을 수 있고, 볼 수 있도록 누구나 공감하고 이해할 수 있는 내용들로 채워진 것이 아날로그 프로그램이다. 불특정 다수를 위해 보편타당한 내용을 전달하기 위해 다큐멘터리, 드라마, 교양, 예능 및 오락 등의 정형화된 틀을 설정하게 되고, 그 틀에 맞게 내용을 제작하는 것이 아날로그 프로그램의 일반적인 형태이다. 프로그램 제작과정도 연출, 작가, 카메라, 세트, 소품, 컴퓨터 그래픽, 엔지니어 등 다수의 전문화된 집단이 모여 이미 정해져 있는 제작방식을 통해 프로그램을 만들게 된다. 결국 아날로그 프로그램은 정형화된 제작방식을 통해 정해진 프로그램 종류에 맞게 보편타당한 내용을 불특정 다수에게 전달하는 특성을 갖고 있다.

(2) 디지털 콘텐츠

디지털은 0과 1로 구성되는 이진법으로 이루어진 신호체계이다. 단일한 선형으로 이루어지는 아날로그 신호와는 다르게 0과 1의 수많은 조합으로 이루어진 디지털 신호는 오디오와 비디오는 물론 각종 데이터 등 셀 수 없는 정보를 탑재할 수 있다.

현재의 쌍방향 서비스나 VOD, 데이터 방송 등도 디지털 기술이 가져온 혜택이다. 디지털 신호는 부분적으로 이상이 생겨도 전체 신호체계에는 전혀 지장을 주지 않는다. 그 부분만 수정하면 되고, 수정하지 않더라도 전체 정보의 손실을 가져오지는 않는다. 실제로 디지털 신호의 특정 부분에 이상이 생기면 디지털 TV 전체 화면에는 이상이 없고, 특정부분만 작게 모자이크 처리된 것처럼 찌그려져 있을 뿐이다.

다양한 정보를 대량으로 전달할 수 있고, 이상이 발생했을 때 즉시 수정조치 할 수 있는 디지털 신호는 다양성, 유연성, 개별성 등의 문화적 특성과 연관되어 설명될 수 있다. 디지털 문화는 통일성과 불변성 등으로 대변되는 아날로그 문화와는 달리 변화에 유연하고 개별적인 취향과 관심을 증폭시키는 특성을 가진다. 인터넷상의 블로그, 동호회, 까페 등의 활성화와 IPTV의 세분화된 다양한 콘텐츠 등은 디지털 문화의 특성을 잘 보여주는 예이다.

개별성, 다양성 등의 특징을 가진 디지털 콘텐츠는 가족단위가 모여, 거실 공간에서, 예정된 시간에 프로그램을 시청하던 기존의 미디어 소비 방식을 급속히 변화시키고 있다. 아날로그 프로그램의 시청공간과 시청시간이 빠르게 해체되고 있는 것이다. 수많은 콘텐츠를 볼 수 있는 IPTV와 개별 시청이 증폭되고 있는 모바일 기기 등은 이미 큰 덩어리의 프로그램이 아닌 수용자의 개별성에 초점을 둔 작은 콘텐츠가 필요함을 보여준다. 양파껍질 벗기듯 폴더를 열면 열수록 수용자의 입맛에 맞고 시간에 얽매이지 않는 콘텐츠가 필요한 것이다. 예를 들어 VJ 특공대식의 볼거리, 먹거리 중심의 덩어리진 형태의 프로그램이 아니라 먹거리 중에서도 찌개류, 탕류, 축제음식 등과 같이 잘 구획되고 세분화된 콘텐츠가 필요하다. 제작방식도 다수의 전문화된 집단의 손을 떠나 구성, 연출, 촬영, 편집이 한사람에 의해서 이루어지는 '1인 제작 시스템'으로 변화하고 있다.

프로그램은 정형화된 제작과정을 거쳐 교양, 예능, 드라마 등의 고정된 틀에 잘 끼워지고 불특정 다수에게 시청된 후 소모되어 버리는 특성이 강하다. 이에 반해 콘텐츠는 기존의 제작방식에서 벗어나 장르에 관계없이 특정한 소수에게 다양한 채널을 통해 반복적으로 서비스one source multi-use된다는 의미가 강하다. 프로그램이 정형화된 양식을 가진 소모품이라면 콘텐츠는 탈 정형화된 반복적 소비재라 할 수 있다. 급변하고 복잡한 멀티미디어 환경 속에서 프로그램 제작자가 아닌 콘텐츠 생산자가 될 수 있도록 미리 준비할 필요가 있다.

2. 디지털 콘텐츠의 매체별 특성

디지털 콘텐츠를 서비스하는 매체는 다양하다. 콘텐츠의 소구내용과 수용형태, 매체의 기계적 특성 등 다양한 기준으로 분류될 수 있지만, 여기에서는 크게 TV, 모바일mobile, 인터넷internet, IPTVInternet Protocol Television 등으로 나누어 살펴본다. 왜냐하면 이들 매체는 그 특성에서 뚜렷이 구별되고, 현재 수용자가 자주 사용하고 있고 앞으로도 많이 접촉할 매체이기 때문이다.

(1) TV

현재 TV는 방송의 성격이 프로그램에서 콘텐츠로 변화하고 있는 과도기 상황의 중심에 있다. TV는 전통적으로 불특정 다수를 위해 존재한다. 이름을 알 수 없는 대부분의 사람들에게 보편적으로 이해할 수 있는 내용을 서비스한다. 누구나 이해할 수 있는 보편적인 내용과 감동과 재미를 주는 내용으로 구성된다. 한정된 집단이나 개인에게만 소구되는 내용은 TV에서 방송될 수 없다. 예를 들어 안드레이 타르코프스키의 '희생sacrifice'과 같은 예술영화들이 TV에서 방송된다면 그 누가 TV 앞에 장시간 앉아 있겠는가? 감독의 깊고 어려운 주관적인 메시지가 쉽게 이해할 수 없는 영상으로 구성되는 영화와 비교해보면 TV 매체의 존재이유를 쉽게 이해할 수 있다.

TV에서 영상구성도 보편적인 법칙을 따라야 한다. Full Shot F.S - Medium Shot M.S - One Shot 1S - Close Up C.U 등의 영상 사이즈가 순차적으로 또는 그 역순으로 구성되어야 한다. 과도한 클로즈 업, 또는 풀 샷 위주의 영상구성은 수용자로 하여금 영상의 내용을 객관적으로 이해할 수 없게 만든다. 예를 들어 강의실 장면을 스케치 한다고 가정해보자. 제작자가 수강생들의 수강모습을 원 샷 위주로 촬영해 방송한다면 그 강의가 어떤 강의인지, 강의의 분위기는 어떠한지 등에 대한 정보를 수용자가 알 수 없게 된다. 따라서 TV에서 영상은 제작자의 주관적 구성은 배제되고, 시청자 대다수가 쉽게 이해할 수 있도록 객관적으로 구성된다.

이와 같이 TV의 내용과 영상이 누구나 이해할 수 있는 보편적인 것이어야 하는 이유는 수용상황과 깊은 관련이 있다. TV를 한정된 공간에서 홀로 시청하는 경우도 있지만 대체로 TV는 거실이라는 공간에서 가족들이 모여 시청하는 매체이다. 나이와 성별, 관심과 취향에 관계없이 같은 시간에 같은 공간에 모여 TV를 시청하기 때문에 이들 모두에게 소구될 수 있는 내용이어야 하는 것이다. 혼자서 TV를 시청하는 경우에도 TV 매체의 일반적이고 보편적인 속성은 여전히 남아 있게 된다. 보편적인 내용과 객관적인 영상으로 가득 차 있는 수많은 프로그램들이 개인의 선택을 기다리고 있다.

(2) 모바일

모바일 매체는 스마트폰Smart Phone을 중심으로 PMPPortable Mutimedia Player, PDAPersonal Digital Assistant 등 다양한 종류가 있는데, 여기에서는 스마트폰을 대표적인 모바일 매체로 지칭하여 설명하고자 한다. 스마트폰은 통화이외에 다양한 디지털 콘텐츠를 서비스한다. DMB서비스[2), 포토photo 서비스, 동영상 서비스 등 그 범위와 내용이 확대되고 있다. 특히 UCCUser Created Contents의 제작과 시청 등이 이루어지는 동영상 서비스는 모바일 매체로서의 스마트폰에 주목하게 만든다.

2) 현재의 DMB 방송은 새로운 형태의 디지털 콘텐츠의 수용양식에서 벗어나는 서비스이다. 핸드폰을 통해 이동 중에 개별적으로 수용되는 콘텐츠의 형식에 맞지 않게 기존의 방송프로그램을 그대로 서비스하고 있기 때문이다. 비교적 짧은 러닝타임과 순간적으로 쉽게 수용할 수 있는 콘텐츠로 구성되어야 함에도 불구하고, 공중파 방송과 똑같이 긴 호흡의 프로그램으로 구성되어 있어서 모바일 매체로서의 장점을 극대화시키지 못하고 있다.

모바일 매체의 콘텐츠 서비스는 대부분 이동 중에 개별적으로 수용된다. 따라서 시청시간이 불규칙하고 시청공간도 유동적이어서 수용자들은 콘텐츠를 집중해서 차분히 수용할 수 없다. 지하철을 타고 이동할 때 또는 카페나 거리에서 누군가를 기다리면서 짜투리 시간을 이용해 콘텐츠를 소비한다. 지속적이면서 집중도를 요구하는 콘텐츠보다는 지루함을 달래기 위해 주로 소비하는 경향이 짙다.

따라서 호흡이 짧고 순간적인 내용들로 콘텐츠가 구성된다. 대부분의 콘텐츠들은 이동 중에 어떠한 상황에서 시청해도 내용을 충분히 이해할 수 있다. 노랫말을 중심으로 짧은 영상으로 이루어진 뮤직 비디오나 기발한 아이디어와 색다른 표현으로 구성된 UCC 등이 그 대표적인 예라 할 수 있다. 또한 모바일 매체에서의 콘텐츠 특징은 보편적인 내용을 주로 서비스하는 TV와 달리, 개별적인 수용이 이루어질 수 있도록 특수하고 작은 이야기로 구성된다는 것이다. 그러나 내용이 어렵거나 전문적인 것은 아니다. 쉽게 개별적으로 소비될 수 있는 호흡이 짧은 내용이다.

영상도 순간적인 시각적 효과를 높이기 위해 빠르고 짧게 구성된다. 지속적으로 지켜보지 않아도 잠깐 동안 보더라도 이해할 수 있고 소구력도 높은 영상이 대부분이다. 짧은 러닝타임의 애니메이션이 그 대표적인 예인데, 이들 영상은 수용자가 순간적으로 흥미를 갖고 즉각적으로 이해할 수 있는 것들이다. 또는 1분 정도의 1 컷cut 짜리도 모바일 매체의 대표적인 영상이라 할 수 있다. 가족 나들이나 친구들과의 여행을 주제로 한 이벤트성 UCC, 또는 유행하고 있는 춤이나 개그를 패러디한 UCC 등이 이에 해당한다. 스마트폰의 카메라로 짧은 순간을 기록으로 남긴 영상은 장소와 시간에 관계없이 개인이 쉽게 소비할 수 있다.

(3) 인터넷

인터넷은 대부분 개별공간에서 이용된다. 물론 와이브로WiBro, Wireless Broadband Internet를 통해 장소에 상관없이 이동 중에도 서비스를 받을 수 있고, 유무선 공유기가 설치된 카페나 커피숍에서도 사용할 수도 있다. 그러나 대개의 경우 책상이 놓여져 있는 공부방이나 사무실, 집무실 같은 개별적인 공간에서 사용된다. 모바일 매체와 달리 차분하고 집중된 상황에서 인터넷이 수용된다. 따라서 서비스 내용도 일반적인 것에서부터 전문적인 것까지 다양하게 구성된다.

인터넷은 영상 뿐 만 아니라 뉴스, 블로그, 음악 등 다양한 영역의 콘텐츠를 서비스한다. 영상분야에서도 영화, TV, UCC 등 여러 종류의 영상을 인터넷을 통해 볼 수 있다. 그러나 다른 매체와 비교해 볼 때 인터넷에서 찾아 볼 수 있는 두드러진 특징은 까페나 블러그 등을 통해 유통되고 있는 동호회 중심의 영상물이다. 동호회 영상은 TV나 모바일 매체와 달리 개인이나 소규모 그룹의 취향과 관심에 소구한다. 따라서 인터넷 매체는 등산이나 낚시, 동영상, 카메라 등과 같이 그 내용이 전문적이다. 또한 특정한 관심을 가진 사람들에게 매우 유용한 정보들로 구성된다.

영상도 영상적인 미학을 추구하기 보다는 내용중심의 영상으로 구성된다. 비슷한 관심을 가진 동호회 집단을 위한 영상물이기 때문에 풀샷 - 미디엄 샷 - 클로즈 업 등과 같은 객관적인 영상문법을 따르지 않아도 된다. 내용만 충실히 구성된다면 영상의 거친 생략도 이들 동호회원들에게는 충분히 이해될 수 있다. 또한 30분, 50분, 60분 등과 같은 기존의 러닝타임running time의 틀도 동호회 영상에서는 허물어진다. 시간의 틀에 구속받지 않고 자유롭게 영상을 구성한다. 또한 컷cut마다 영상의 길이가 다를 수 있다. 일반적인 영상은 보통 1컷 당 3초에서 5초 정도의 호흡을 갖지만 인터넷 동호회 영상에서는 이러한 원칙은 무의미하다. 예를 들어 낚시 동호회에서 월척을 낚는 법에 대해 영상을 구성한다고 할 때 컷을 나누지 않고 롱테이크long take로 10분 이상의 영상을 만들 수도 있다. 다른 매체에 비해 인터넷 매체의 특징은 이처럼 동호회 중심의 전문적이고 개별적인 내용의 영상을 쉽게 찾아 볼 수 있다는 것이다.

(4) IPTV

IPTV는 대부분 거실 공간에서 기존의 TV처럼 시청하게 된다. 여기에서 주목할 것은 IPTV는 가족 단위 시청을 기본으로 하지만 서비스 내용은 개별적 선택을 하도록 구성되어 있다는 점이다. IPTV는 폴더folder 형태의 영상서비스를 한다. 마치 컴퓨터의 폴더를 열면 차례대로 정보가 검색되는 방식과 같다. 지상파 프로그램을 방송사별로, 또한 다큐멘터리, 드라마, 오락 등 프로그램 종류별로 나뉘어 구성하고 있다.

이밖에 날씨, 주식, 취미 등 지상파에서 볼 수 없는 전문적인 내용들도 포함되어 있다. 수용자는 이렇게 다양한 콘텐츠를 검색하고 선택해서 시청하게 된다. 따라서 가족단위의 시청이 가능한 기존의 수용상황과 개인의 관심과 취향에 따라 개별적인 수용이 가능한 새로운 수용상황이 공존한다.

IPTV의 콘텐츠도 이러한 수용상황과 맞물려 그 종류가 그야말로 넓고도 깊다. 현존하는 모든 콘텐츠가 존재한다고 해도 과언이 아니다. 앞서 지적한 것처럼 지상파 TV의 프로그램에서부터 영화, 교육 콘텐츠, 그리고 다양한 취미 콘텐츠와 전문적인 콘텐츠에 이르기 까지 서비스 내용은 다채롭다. 따라서 가족단위의 시청과 개인단위의 시청이 모두 가능하다. 다만 아직까지도 IPTV를 위한 새로운 형태의 콘텐츠 제공이 이루어지지 않고 있고, 단지 기존의 콘텐츠를 분류하여 구성하고 있다는 점은 아쉬운 대목이다.

IPTV의 영상은 보편적인 영상법칙을 따른 영상물이 대부분을 차지한다. 지상파 TV나 CATV에서 유통되고 있는 영상물들을 재가공 없이 그대로 다시 사용하고 있기 때문이다. IPTV가 불특정 다수의 수용자를 대상으로 하고 있으면서 동시에 특정한 소수의 수용자가 그들의 취향과 전문성에 따라 콘텐츠를 선택한다는 점을 감안한다면, 지금까지 볼 수 없었던 새로운 형태의 실험적이고 참신한 영상물이 제공되어야 한다. 예를 들어 교육 폴더 중에서 청소년 심리에 관한 내용을 주로 다룬다면 기존의 영상구성 방식 대신에 주관적 시점의 샷과 클로즈 업 중심의 영상구성 등으로 청소년들의 내면의 움직임들을 표현해 낼 수 있을 것이다.

3. 방송 프로그램과 방송 콘텐츠

앞에서 살펴본 것처럼 방송 프로그램은 아날로그 프로그램과 관련이 있고, 방송 콘텐츠는 디지털 콘텐츠와 밀접한 관련을 가진다. 이 두 가지 개념은 크게 수용형태, 소구대상 및 내용, 제작과정 등으로 나누어 정리할 필요가 있다. 아날로그 프로그램과 디지털 콘텐츠라는 다소 먼 듯한 이야기를 방송의 영역으로 끌어내려 살펴볼 필요가 있는 것이다.

(1) 수용형태

방송프로그램은 대부분 거실 공간에서 정해진 시간에 정형화된 프로그램 형태로 수용 된다. TV가 위치하는 곳이 가족의 주요한 활동 공간이기 때문에 식사를 하면서 또는 차나 과일을 먹으면서 가족이 함께 시청하게 된다. 또한 방송사에서 이미 정해 놓은 시간에 특정 프로그램을 시청한다. 일일 드라마를 보기 위해 일찍 귀가한다거나, 생활의 리듬이 9시 뉴스에 맞추어져 있는 것 등이 좋은 예이다.

방송 콘텐츠는 모바일 매체나 인터넷 매체 등을 통해 수용되기 때문에 시청공간과 시청시간이 방송프로그램과는 확연히 다르다. 방송 콘텐츠는 주로 개별적인 공간에서 소비되는데, 이동하면서 혹은 개인 집무실 등에서 수용된다. 따라서 시청도 가족단위와 같은 집단적인 형식이 아니라 개인단위의 시청이 이루어진다. 또한 대부분의 콘텐츠가 미리 저장된 상태에 있기 때문에 언제나 자신이 원하는 시간에 볼 수 있다. 방송사가 정해놓은 시간에 기다렸다가 볼 필요가 없게 되었다.

(2) 소구대상 및 내용

방송프로그램은 불특정 다수를 대상으로 서비스 된다. 이름을 알 수 없는 대다수의 시청자들을 위해 정보와 오락을 제공한다. 따라서 프로그램 내용은 남녀노소 누가 봐도 쉽게 이해하고 알 수 있어야 한다. 대개의 경우 방송 프로그램은 드라마, 다큐멘터리, 쇼, 오락, 교양 등의 큰 구획을 통해 보편적이고 일반적인 내용들로 구성된다.

예를 들어 드라마의 경우, 고부 갈등이나 남녀 간의 사랑, 가족 사이에서 발생하는 에피소드 등 우리 주변에서 흔히 일어나는 스토리를 중심으로 내용이 전개된다. 또한 신비롭거나 새로운 사실을 탐색하고, 감추어진 진실을 밝히는 다큐멘터리, 연예인을 등장시켜 웃음과 재미를 제공하는 오락 프로그램 등은 모두 알기 쉽고, 보기 좋은 보편적인 내용으로 구성되어 성별과 나이에 관계없이 누구나 시청할 수 있도록 한다.

이에 반해 방송 콘텐츠는 특정한 소수에게 서비스 된다. 특수한 관심과 취향을 가진 개인을 위해 특화되고 전문화된 내용을 제공한다. 방송프로그램처럼 일반적인 내용일 필요가 없다. 개인이 언제 어디서든 필요한 경우에 찾아 볼 수 있기 때문에 다수의 사람들에게 꼭 들어맞는 내용이 아니어도 된다. 따라서 드라마와 다큐멘터리 등의 형식과 같이 큰 구획은 무의미하고, 다양하고 전문적인 내용이 방송콘텐츠로 구성된다.

예를 들면 낚시 동호인들을 위한 낚시 콘텐츠, 야외 캠핑을 즐기는 사람들을 위한 아웃도어 콘텐츠, 자동차 동호인들을 위한 자동차 콘텐츠 등이 있을 수 있다. 이들 콘텐츠는 다시 세분화되어 낚시 중에서도 바다낚시와 민물낚시로 나뉠 수 있고, 아웃도어도 텐트 족, 캠핑카 족 등으로, 자동차도 튜닝 콘텐츠, 레이싱 콘텐츠 등으로 전문화 되어 구성될 수 있다.

(3) 제작과정

방송프로그램은 전형적인 협업의 형태를 띤다.[3] 연출, 카메라, 작가 등으로 나누어진 전문가들이 각자의 업무를 수행함으로써 한편의 프로그램이 완성된다. 이들의 업무 수행방식은 이미 정해져 있는 업무 로드맵에 대한 학습을 통해 이루어진다. 여기에서 중요한 것은 이들이 타인의 전문영역에 대해 침범해서는 안 된다는 불문율이 형성된다는 것이다. 자신의 영역에서 자신의 일을 충실히 할 때 완성도 높은 프로그램이 탄생한다. 1편의 프로그램 제작에 투여되는 인원은 대체로 20명에서 30명 정도이다. 따라서 인건비가 제작비의 상당부분을 차지하게 되고, 이는 제작비에 압박을 가져오는 부작용으로 작용하기도 한다. 또한 많은 사람들이 협업을 하다 보니 제작 기간이 길어지는 단점도 있다.

3) 커뮤니케이션 테크놀로지의 발달에 따라 작금의 제작 환경은 상당부분 1인 제작 시스템으로 이루어지고 있다. PD가 기획뿐만 아니라 원고작성, 섭외, 촬영, 완성 작업에 이르기 까지 혼자서 제작하는 경우가 많다. 소형화된 카메라, 손쉬운 완성 작업을 가능하게 하는 넌리니어 편집기 등 방송제작 기술의 발달이 1인 제작 시스템을 가능하게 만들었다. 그러나 드라마와 예능, 다큐멘터리 등 대규모의 방송 프로그램의 제작은 아직도 다양한 전문가 집단에 의한 협업이 주를 이루고 있다.

방송콘텐츠 제작은 '1인 제작 시스템'으로 변화하고 있다. 원고와 연출, 촬영, 완성 등 콘텐츠 제작 전체 과정을 한 사람이 맡게 된다. 따라서 제작비의 절감과 제작 시간의 단축을 가져올 수 있다. 또한 콘텐츠 내용도 기존의 정형화된 것을 넘어서 새롭고 실험적인 것들로 채워질 수 있다. 기존이 방송제작 문법을 따르지 않고 다양한 시도를 할 수 있다. 예를 들어 롱 테이크와 같이 긴 호흡의 영상물을 제작한다든지, 또는 전문가와 명소 중심의 큰 이야기가 아니라 평범한 사람들의 소소한 작은 이야기들이 방송 아이템으로 제작된다는 것 등이다. 방송 프로그램의 제작방식과 다른 작은 단위의 소위 게릴라식 제작은 콘텐츠 제작의 전체 과정을 획기적으로 바꾸어 놓고 있으며, 이는 방송 내용의 변화를 수반 한다.

02 방송 콘텐츠의 기획

1. 기획과 계획

일반적으로 기획은 어떠한 목표를 달성하기 위해 설정하는 큰 계획으로 설명할 수 있다. 기획은 주어진 시간과 예산, 인력을 기반으로 설정된 목표를 실현하기 위해서 일련의 수행과정을 설정하고, 어떤 결과가 도출될지 예측하는 작업을 말한다. 대개의 경우 기획은 흩어져 있는 많은 정보와 사실을 효과적으로 수집하고 정리하여 주어진 목표를 최대한 달성하기 위한 다양한 아이디어를 기획서의 형태로 만드는 과정이다.

계획은 기획의 하부개념으로 이해될 수 있는데, 기획단계에서 설정되고 검토된 다양한 내용을 바탕으로 구체적인 목표 달성 방법을 설정하는 것을 말한다. 계획은 기획에서 나타난 다양한 아이디어를 구체적으로 실천하기 위한 목표실현방법이다.

그렇다면 방송 콘텐츠의 기획이란 무엇인가? 방송 콘텐츠 기획은 '무슨 내용을 어떻게 방송해서 어떤 효과를 거둘 것인가?'를 생각하고 계획하는 작업을 말한다. 여기에서 '내용'은 방송할 아이템item이다. 어떤 방송 소재를 선택해서 시청자들에게 소구할 것인가를 결정해야 한다. 그 다음 '어떻게 방송할 것인가?'는 어떠한 표현방식을 채택할지를 고민하는 작업이다. 아이템에 따라 드라마로 표현할지, 다큐멘터리로 제작할지, 아니면 종합구성물로 처리할지 등을 결정하게 된다. '어떤 효과'는 제작자가 기획한 내용이 '재미있는가?, 감동스러운가?, 새로운 정보를 제공하는가?' 등의 방송결과를 미리 예측하는 것을 말한다. 여기에서 말하는 효과는 단순히 시청률의 높낮이를 이야기 하는 것이 아니라, 콘텐츠의 완성도와 그것이 가져다주는 다양한 측면에서의 가치를 말한다.

예를 들어 '한반도의 개미'라는 다큐멘터리를 기획했다고 가정하자. 방송 후에 시청률은 5% 안팎으로 나왔지만 콘텐츠의 완성도에서 높은 평가를 받았고, 한반도에서 살았던 개미들에 대해 새로운 정보를 제공함으로써 시청자들로부터 큰 호응을 얻었다면, 이 다큐멘터리는 효과만점의 콘텐츠, 또는 한국방송사에 남을만한 가치 있는 콘텐츠로 평가받을 것이다.

방송 콘텐츠 기획에는 이외에도 예산과 인력에 대한 구체적인 계획도 포함 된다. 예산은 원고료와 촬영일정, 출연자, 포스트 프로덕션post production 작업 등의 수준에 따라 결정된다. 방송의 완성도는 예산정도와 정비례한다. 예를 들어 '개미'의 촬영기간을 6개월로 설정했을 경우와 1년을 설정했을 경우에는 콘텐츠의 완성도가 완전히 다르게 나타날 수 있다. 또한 후반 작업을 최첨단 컴퓨터 그래픽을 소유한 외부의 특수편집실에서 하는 것과 방송사내의 일반 편집실에서 하는 경우에도 콘텐츠의 수준이 많이 달라진다. 원고료 부문에서도 특급 다큐멘터리 작가영입 여부가 다큐멘터리의 완성도를 좌지우지할 수 있다.

제작에 투입되는 인력에 대한 계획도 중요하다. 예를 들어 촬영 부문에서 동시녹음 팀을 가동할 것인지, 또는 조명 팀을 외주업체를 통해 별도로 사용할 것인지에 따라 제작 예산과 콘텐츠의 수준이 다르게 나타난다. 조명과 오디오에서 외주업체를 이용하지 않고 방송사내에서 해결한다면 촬영된 영상의 완성도에서 차이날 수 있다. 물론 어느 쪽이 완성도면에서 높은지는 사안에 따라 다를 수 있다. 이외에도 작가를 몇 명 쓸 것인지, FD(Floor Director)를 쓸 것인지, 미술 팀과 소품 팀을 사용할 것인지에 대한 계획도 포함된다.

이처럼 방송 콘텐츠 기획이란 아이템의 선정, 표현방식의 결정, 결과에 대한 예측 등에 대한 일련의 계획과정이며 여기에는 구체적인 예산산정과 인력투입, 제작일정 등에 대한 계획도 포함된다.

2. 기획의 맥

방송 콘텐츠의 성공여부는 기획에서 80%에서 90% 정도 결정된다고 해도 과언이 아니다. 그 만큼 콘텐츠 기획이 콘텐츠 제작과정 전체에서 중요하다. 방송사에서는 좋은 기획을 하기 위해 짧게는 1개월, 길게는 1년 이상씩 기획회의를 한다. 방송사 회의실에서는 거의 매일 밤낮없이 기획회의가 열리고 있다. 회의실 안에는 세수도 하지 못한

PD와 작가들이 머리를 싸매고 브레인스토밍brainstorming[4)]하고 있는 광경을 쉽게 볼 수 있다. 이들이 기획 작업에 매달리는 이유는 앞서 지적한 것처럼 콘텐츠의 성공과 실패가 기획에서 결정되기 때문이다.

4) 이 방법은 새로운 아이디어를 찾아가는 일련의 과정이다. 브레인스토밍의 특징은 회의에 참석하는 사람은 지위고하에 관계없이 자유롭게 자신의 아이디어를 말하는 것이다. 특히 이 과정에서 제시된 아이디어에 대한 논박은 허용되지 않는다. 상대방의 반대나 비판 없이, 아주 사소한 것이라도 자신의 생각을 자유롭게 말하고, 이를 통해 참신한 아이디어를 얻는 방법이 브레인스토밍이다.

그렇다면 성공적인 콘텐츠 기획을 하기 위한 핵심적인 전략은 무엇인가? 그것은 바로 '새로움'을 찾는 것이다. 아이템의 선정에서부터 원고작성, 촬영, 완성작업 등 제작 전반적인 과정에 '새로움'이란 바이러스가 스며들어가 있어야 한다. 그렇다면 '새로움'이란 무엇인가? 그것은 지금까지 '듣지도 보지도 못한 것'과 '기존의 것에 새 옷 입히기' 이 두 가지로 압축된다.

첫 번째 '듣지도 보지도 못한 것'은 지금까지 존재하지 않았던 처음 보고 처음 듣는 것을 말한다. 수용자들이 그 어디에서도 보지 못했던 영상과 방송내용을 기획한다면 방송 콘텐츠는 이미 성공한 것이나 다름없다. 이러한 예는 우리 주변에서 쉽게 찾아 볼 수 있다. 모 방송사에서 성공리에 방송했던 '갯벌은 살아있다'는 새로움의 전형을 보여준다. 그냥 무심코 스쳐지나갔던 갯벌에 대해 기획자는 새로운 생각을 해낸 것이다. 갯벌 속의 무한한 생태계에 대해 놀랄 만한 영상과 내용을 제공했고 갯벌이 인간에게 주는 엄청난 혜택을 잘 보여주었다. 그 결과 대내외적으로 수많은 상들을 수상했으며 갯벌 보존운동에 큰 도화선이 되었다. 이외에도 뱀의 생태를 최초로 조명한 '파충류의 세계', '한반도의 야생 호랑이 생포기', '차마고도' 등의 다큐멘터리가 이에 해당한다.

두 번째 '기존의 것에 새 옷 입히기'는 누구에게나 잘 알려진 사실

또는 정보이지만, 제작자가 기존과는 다른 관점에서 새롭게 기획한 것을 말한다. 모 방송사에서 방송했던 '수지 킴 사건'에 대한 재조명이 대표적인 예가 될 수 있다. 수지 킴 사건은 일반인들에게 단순한 간첩사건으로 알려져 있었다. 그러나 기획자는 이 사건이 부부싸움하다가 남편이 아내를 살인한 것인데, 당시의 대북 공안 정국에서 중앙정보부에 의해 간첩사건으로 조작되었다는 새로운 사실을 찾아내었다. 방송이후 전국이 들썩였으며 벤처기업가로 승승장구하던 남편은 구속 수감되어 재판을 받았다. 이와 비슷한 예는 시사 기획보도물 등에서 많이 찾아 볼 수 있다. 'JMS 정명석 사건'과 같은 사이비 종교 문제, 기도원에서의 인권유린 문제 등이 이에 해당한다. 이이에도 아기에 대한 기존의 정보를 과학적으로 증명한 '아기 성장 보고서' 등이 있다.

예능프로그램에서도 '새 옷 입히기'를 찾아 볼 수 있다. '무릎 팍 도사'는 토크쇼의 전형을 깨고 성공한 대표적인 프로그램이다. 기존의 연예인을 대상으로 한 토크쇼는 TV에서 쉽게 볼 수 있는 전형적인 세트 위에서 연예인 패널들이 MC를 중심으로 좌우로 배치되고, 정해진 대본에 따라 프로그램이 진행되는 형식을 취한다. 내용도 특정한 사건이나 인물에 대한 이야기가 대부분을 차지한다. 그러나 '무릎 팍 도사'는 세트부터 파격적이다. 점집을 설정하여 기존의 연예 오락 프로그램에서 볼 수 없었던 신선한 비주얼을 보여준다. 또한 그곳에 들어앉은 사람은 은밀하고도 비밀스러운 이야기를 토해낼 것이라는 기대감을 시청자에게 심어준다. 일단 세트에서부터 시청자의 눈을 사로잡는다. 캐릭터 설정에서도 새로움을 추구한다. 강호동을 점쟁이로 설정하고, 재치 있는 입담으로 재미를 더해주는 유세윤과 왠지 어눌하고 바보같이 보이지만 툭툭 던지는 말과 기타연주, 그리고 츄리닝 패션의 우승민은 프로그램에 새로움을 증폭시킨다. 특히 연예인 출연자를 1인으로 한정하여 출연자의 인생 전반에 대해 깊이 있고 진솔한 이야기를 끄집어냄으로써 시청자로 하여금 다른 프로그램에서 볼 수 없는 재미와 감동을 준다. 이외에도 바보 캐릭터들이 좌충우돌 도전기를 담은 '무한도전'과 연예인이라는 신비로운 베일을 벗고 진솔한 놀이를 하는 '패밀리가 떴다' 등도 기존의 표현방식에서 탈피하여 새로운 표현형식을 보여준 좋은 예이다.

새로움의 바이러스는 기획의 전체 과정 속에 퍼져 있어야 한다. 아이템 탐색과 표현방식의 결정, 구성안 및 시놉시스 작성의 마디마디에 새로움이라는 바이러스가 스며있어서 출연자, 스텝 구성, 촬영, 완성작업 등과 같은 여타 다른 부분에도 퍼져서 새로운 콘텐츠로 진화할 수 있도록 해야 한다.

(1) 아이템 탐색

콘텐츠 기획과정에서 아이템 탐색은 최초의 단계이면서 가장 중요한 과정이다. 어떤 아이템을 선정하느냐에 따라 콘텐츠 성공여부가 결정된다고 해도 과언이 아니다. 아이템 탐색도 앞서 언급한 것처럼 그것이 새로운 것인가에 대한 물음에서 출발해야 한다. 하늘 아래 새로운 것인가?, 아니면 제작자의 새로운 시각이 입혀져서 기존의 것을 새롭게 재해석, 발견할 수 있는가?라는 물음을 통해 아이템 탐색이 이루어져야 한다.

이 과정에서 중요한 것은 무엇보다 기존의 프로그램이나 콘텐츠를 많이 보아야 한다는 것이다. 지금까지 존재했던 영상과 내용을 인지하고 있어야 자신이 기획하고 있는 아이템이 새로운 것인지를 판단할 수 있기 때문이다. 대부분의 경우 제작자는 기존의 콘텐츠를 스크린하는데 소홀하다. 자신이 제작하는 콘텐츠에만 빠져 있어서 다른 동료가 제작하고 있는 콘텐츠나 이전에 제작되었던 콘텐츠에 대해 관심을 가지지 못하는 경우가 많다. 기존의 콘텐츠에 대한 면밀한 분석은 새로운 콘텐츠를 기획하는데 없어서는 안 될 중요한 작업이다.

따라서 제작자가 선정한 아이템이 기존의 방송에서 존재했던 것인지를 먼저 조사해야 한다. 기존 방송에서 없었다면 다행이지만, 존재했다면 어떤 방향에서 어떤 시각으로 해당 아이템이 제작되었는지를 살펴본 후, 자신만의 시각으로 새롭게 접근할 수 있는지를 판단해야 한다.

그 다음 순서로 해당 아이템에 대한 구체적인 정보를 얻기 위해 1차 자료조사를 한다. 대부분 인터넷을 통해 신문기사를 먼저 조사하고, 관련된 블로그나 카페, 인터넷 서점 등을 조사한다. 여기에서 수집된 1차 정보를 바탕으로 좀 더 구체적이고 전문적인 영역으로 조사를 확대한다. 2차 자료조사에서는 해당 아이템과 관련된 학회 사이트를 검색하여 학술 논문을 찾고, 전문가가 누구인지를 구체적으로 조사한다. 또한 관련된 서적을 조사 · 구입하여 심도 있는 아이템 탐색을 한다. 이를 바탕으로 3차 조사에서는 전문가를 직접 찾아가 면담하고, 전문가의 면담내용을 토대로 아이템의 신선도와 구성방식에 대해 확인한다. 또한 아이템과 관련된 장소를 직접 방문하여 촬영가능성을 타진하고 아이템의 구성력을 높여줄 수 있는 영상구성방식에 대해 기획한다. 이러한 일련의 과정을 거쳐 구체적인 아이템 탐색과 구성이 이루어진다.

예를 들어 '피부'에 관한 다큐멘터리를 기획한다고 가정해보자. 먼저 기존의 방송에는 없었다는 것을 확인한 후, 피부에 관련된 다양한 내용을 인터넷을 통해 1차 조사한다. 조사 결과, 피부에 관한 이야기가 성형, 마사지, 인종문제, 여성화장 등 다양한 영역에 걸쳐 나타나고 있음을 확인한다. 기획자는 이 가운데 인종문제에 관심을 갖게 되고, '피부와 인종'에 관련된 내용을 찾기 위해 해당 전문 학회 사이트와 인터넷 서점 등 2차 자료조사를 시작한다. 이를 통해 '피부와 권력'의 문제에 대해 새로운 다큐멘터리를 제작할 수 있을 것으로 판단하고, '피부가 권력'이라는 다큐멘터리 제목까지도 확정한다. 2차 조사를 통해 얻은 전문가를 면담하기 위해 문화인류학을 전공하고 있는 모 대학 교수를 만난다. 교수를 통해 인도네시아와 태국 등 동남아에서 미의 기준은 '피부의 하얀 정도'이고, 이는 학력과 경제력으로 치환되어 '흰 피부 가진 사람'은 사회적으로 높은 지위에 있는 사람으로 인식되고 있음을 알게 된다. 기획자는 교수의 자문을 통해 해외 취재도 기획하고, 관련된 촬영장소도 답사하는 등 '피부'라는 아이템에 대해 구체적인 구성을 하게 된다.

(2) 표현방식의 결정

아이템을 선정하였다면 그 다음 순서는 이를 어떻게 표현할 것인가를 결정해야 한다. 방송 콘텐츠의 표현방식에는 다양한 종류가 있지만 드라마, 다큐멘터리, 종합구성 등과 같은 기존의 방송프로그램 종류에 따라 설명할 수 있다. 이에 대한 구체적인 내용은 2장 방송 콘텐츠의 옷에서 살펴보기로 하고, 여기에서는 대략적인 내용만 알아본다.

먼저 드라마는 특정한 사실에 대해 그것을 있는 그대로 취재하여 구성할 수 없을 경우, 또는 사실 취재보다 극적 표현이 시청자들에게 더 높은 소구력을 가질 것으로 판단될 경우에 선택할 수 있는 표현방식이다. 또한 실제의 사실이 없더라도 상상할 수 있는 모든 것이 드라마로 표현될 수 있다. 드라마의 소재는 대부분 사람에 관한 이야기이다. 사랑, 배신, 성공, 복수, 권력 등과 같이 인간의 삶에서 나타날 수 있는 다양한 이야기들이 드라마의 아이템이 된다. 인간의 삶에 대한 드라마적 표현은 나의 삶과 비슷하기도 하고, 내가 경험 할 수 없는 상상속의 삶을 대리 만족시켜 주기도 한다. 이러한 이유 때문에 드라마의 본질은 '인간에 대한 탐구'로 정의될 수 있다.

드라마를 표현방식으로 결정했다면 그 다음에는 어떤 드라마로 구성할 것인가를 정해야 한다. 드라마는 크게 '단막극', '일일 드라마', '미니 시리즈', '주말 드라마' 등으로 나눌 수 있다. '단막극'은 하나의 이야기가 한편으로 종결되는 형태를 취한다. 따라서 스토리의 전개가 빠르고 이야기의 호흡이 짧다. 등장인물도 비교적 단순하며 내용과 형식에서 실험적인 시도를 할 수 있다. 주로 조연출에서 연출로 갓 승격[5)]한 신입 PD 들이 단막극을 통해 자신의 능력을 시험하고 검증받게 된다.

5) 대체로 드라마 PD는 조연출에서 연출자로 승격 하기까지 약 5년에서 7년이 걸린다. 예능 PD는 약 4년에서 5년, 다큐멘터리를 포함한 교양 PD는 약 2년에서 3년이 소요된다.

'일일 드라마'는 가족들의 이야기가 주요 소재로 등장한다. 시청자들의 일상생활과 가장 밀접한 장르이기 때문에 고부갈등, 자식문제, 결혼문제 등과 같이 대부분 가족 간에 일어날 수 있는 에피소드들을 중심으로 소구한다. 따라서 주요 등장인물들은 가족 구성원들이며 이모, 고모, 삼촌 등을 포함하는 대가족으로 구성된다. '미니 시리즈'는 당대의 대중문화를 선도할 만큼 그 영향력이 막대하다. 미니시리즈의 성공여부에 따라 방송사 전체 시청률이 결정된다. 미니시리즈는 경우에 따라 편차가 있지만 대부분 내용면에서는 트렌디 trendy[6]의 경향을 띠고, 형식면에서는 영화에 버금갈 정도로 스케일이 크다. 당대의 주류문화가 드라마의 단골메뉴이며 규모면에서도 100억, 200억의 제작비가 투입되기도 한다. 대부분 멜로 라인을 핵심 스토리로 설정하고 있고, 시청자들에게 대리만족을 제공하기도 한다. 보통 16부작으로 스토리가 전개되기 때문에 많은 등장인물이 출연하여 갈등과 화해, 도전과 응징 등 복잡한 스토리를 퍼즐처럼 풀어 나간다.

6) 트렌디 드라마는 스토리 중심의 기존 드라마와 달리 젊은 층에서 유행하는 패션과 그들의 관심을 드라마의 주요 아이템으로 설정한다. 트렌디 드라마는 다른 드라마에 비해 감각적인 드라마이다.

'주말 드라마'는 내용면에서 일일드라마의 일상성과 미니시리즈의 트렌디가 섞여서 구성된다. 주요 등장인물이 가족으로 구성되고, 스토리는 일일드라마보다는 무겁고 미니시리즈 보다는 약한 내용들로 전개된다. 따라서 이야기의 호흡이 미니시리즈 보다 긴 경우도 있으며 일일드라마의 전개방식을 압축적으로 설정하기도 한다. 예를 들어 가족의 이야기를 일일드라마 보다는 짧게, 미니시리즈 보다는 길게 전개시키는 방식이다.

다큐멘터리는 특정한 사실이나 새로운 정보를 찾아내어 있는 그대로를 가감 없이 보여줌으로써 진실을 추구하는 표현방식이다. 인간세상의 다양한 이야기에서부터 숨겨져 있던 역사적 사실, 자연의 신비스러움, 과학의 엄밀성 등 그 소재는 무궁무진하다.

세상에 흩어져 있는 모든 것들이 다큐멘터리의 아이템이 될 수 있다. 휴먼 다큐멘터리는 사람을 주요한 아이템으로 설정하여 인간사의 희로애락을 따뜻한 인간의 시선으로 담아내어 표현한다. 자연 다큐멘터리는 동물의 생태와 식물의 성장과정 등 자연의 경이로움을 연출하지 않고 있는 그대로를 담아낸다. 역사 다큐멘터리는 이미 역사적 사실로 알려져 있는 내용을 좀 더 구체적으로 설명하거나, 숨겨져 왔던 사실을 새롭게 조명하여 역사적 진실을 추구한다. 과학다큐멘터리는 인류의 과학적 성과를 주요 아이템으로 설정하여 어렵고 복잡한 내용의 과학을 일반 시청자들이 쉽게 이해할 수 있도록 구성하여 표현한다.

다큐멘터리는 제작방식도 비교적 용이해서 새로운 정보를 찾거나 기존의 사실을 새로운 관점으로 접근하고자 하는 일반인들이 쉽게 제작할 수 있다. 카메라 한 대를 사용하여 사실을 있는 그대로 담아내기만 하면 1편의 다큐멘터리를 완성할 수 있다. 물론 스토리 구성과 편집에서 어느 정도 전문성을 가지고 있어야 하지만, 아이템 자체가 시청자에게 신선하게 다가간다면 촬영과 편집이 약간 서툴러도 무방하다. 다큐멘터리는 아이템 선정단계에서 이미 성공여부가 결정되는 것이다.

종합구성물은 드라마와 다큐멘터리 이외에 우리가 흔히 볼 수 있는 모든 형태의 프로그램이라 해도 과언이 아니다. 스튜디오에서 제작한 내용과 야외에서 촬영한 내용을 효과적으로 섞어서 구성하는 것이 종합구성물이다. 대체로 MC가 프로그램 전체를 진행하고 패널이 출연하여 해당 주제에 대해 토크를 하거나, MC 1인이 야외 촬영 내용을 중심으로 스튜디오에서 진행하는 형식을 취한다. '대국민 토크쇼 안녕하세요' 등이 전자의 대표적인 예이고, 'VJ 특공대' 등이 후자의 예이다. '1박 2일'과 '무한도전' 등도 프로그램 전체를 스튜디오가 아닌 야외에서 진행하지만 종합구성물에 속한다고 할 수 있다. MC 유재석과 나머지 패널들 간에 일어나는 자연스럽고 재미있는 에피소드를 중심으로 구성되기 때문이다. 드라마와 다큐멘터리를 제외한 대부분의 교양물과 예능 오락물이 종합구성물에 해당한다.

(3) 구성안 및 시놉시스

구성안과 시놉시스는 콘텐츠 기획안에 반드시 포함되어야 할 중요한 요소이다. 왜냐하면 해당 콘텐츠가 구체적으로 어떻게 진행되는지를 한 눈에 볼 수 있게 하는 콘텐츠 설계도이이기 때문이다. 구성안은 다큐멘터리와 종합구성물에 적합한 설계도이고, 시놉시스는 드라마를 기획할 때 반드시 있어야 할 이야기 요약본이다. 이에 대해서는 5장 방송 제작과정 탐색에서 구체적으로 살펴본다.

다큐멘터리 구성안의 경우 주요 내용은 무엇이고 각각의 내용의 러닝 타임running time은 얼마인지, 인터뷰 대상자는 누구인지, 그리고 주요한 영상의 내용은 무엇인지 등을 효과적으로 배열하여 구성한다. 이때 구성안의 모든 요소들은 주제에 맞게 핵심적인 개념이 관통될 수 있도록 구성해야 한다. 예를 들어 '피부는 권력'이라는 다큐멘터리를 제작한다고 가정할 경우, 피부를 성형, 마사지, 인종문제, 여성화장 등 다양한 영역으로 접근하기 보다는 성형문제로 한정하여 '외모지상주의'에 초점을 맞추어 구성하는 것이 메시지 전달측면에서 훨씬 효과적이다. 개념이 흩어지는 것보다 압축적으로 구성 요소들에 관통되어 전달될 때 콘텐츠의 완성도면에서 월등히 높은 결과를 가져온다.

종합구성물의 구성안의 경우에도 주요내용과 러닝타임 등이 명시되어야 한다. 특히 종합구성물 구성안에서는 시청자의 눈을 사로잡을 수 있는 꼭지 구성에 주의해야 한다. 일관된 호흡으로 지속적으로 시청해야 하는 다큐멘터리와 달리, 종합구성물은 순간적으로 짧은 꼭지들이 시청자들의 눈길을 사로잡아야 한다. 채널을 돌리다가 우연히 보게 되더라도 시청자들의 눈을 고정시킬 수 있는 기발하고 독특한 내용의 꼭지구성이 필요하다. '스타킹'에서 트로트를 구성지게 노래하는 10살 소년만으로도 채널을 고정시킬 수 있다. 처음부터 전체 프로그램을 보지 않았더라도 새롭고 독특한 내용의 꼭지만으로도 시청자들에게 충분히 소구할 수 있는 것이다.

종합구성물의 구성안 작성에서 또 다른 맥은 MC 선정과 역할에 있다. MC는 콘텐츠의 간판이다. 콘텐츠의 성격과 분위기, 색깔 등이 MC에 의해 결정된다. 시청자들은 콘텐츠의 내용에 상관없이 MC의 재치있는 진행에 매료된다. 강호동 없는 '무릎팍 도사'와 '스타킹'은 상상할 수 없다. 마찬가지로 유재석 없는 '무한도전'은 앙꼬 없는 찐빵과도 같다. 따라서 종합구성물 구성안 설계에서는 이미 MC를 정해놓고 MC의 캐릭터에 맞게 구성안을 만들기도 한다. 유재석의 어벙벙한 캐릭터를 활용한 '무한도전'은 유재석이 동료 연예인들에게 왕따를 당하는 장면만으로도 충분히 시청자에게 소구할 수 있다.

시놉시스는 드라마가 어떻게 전개될 것인지, 등장인물은 어떻게 되고 그들의 관계는 어떠한지 등에 대해 최초로 설계하는 이야기 요약본이다. 시놉시스 작성에서 먼저 유의해할 점은 등장인물의 캐릭터character 설정이다. 아무리 좋은 내용을 구성하더라도 이를 이끌고 가는 등장인물들에 힘이 없다면 그 드라마는 실패할 가능성이 높다. 캐릭터는 주인공을 중심으로 조연, 단역에 이르기 까지 입체적으로 설정되어야 한다. 등장인물들의 캐릭터가 모두 비슷할 경우 극의 전개가 평면적으로 흐를 가능성이 크다. 따라서 시청자들을 드라마 속으로 흡입하는데 실패하기 쉽다.

그렇다면 캐릭터가 입체적이라는 것은 무슨 뜻인가? 이는 등장인물의 성격을 각기 다르게 설정하는 것을 말한다. 주인공과 조연, 단역의 성격이 차별적으로 뚜렷하게 부각되게 설정함으로써 드라마를 입체적으로 전개시킬 수 있다. 나쁜 사람과 착한 사람을 등장시키는 것이 대표적인 예이다. 착한 사람을 짓밟는 악인, 이를 딛고 일어서는 착한 사람의 설정은 스토리텔링의 전형적인 방식이다. 착한 사람만 나오는 드라마를 상상해보자. 아마도 드라마를 끝까지 보기 힘들 것이다.

먼저 주인공의 성격을 다면적으로 구성함으로써 캐릭터를 입체적으로 설정할 수 있다. 겉으로 보기에는 수줍어하고 한없이 착한 사람이지만 내면에는 누군가를 향해 알 수 없는 적대심으로 가득 차 있어서 누군가를 살해하고자 한다는 주인공의 설정은 영화나 드라마에서 흔히 볼 수 있는 인물설정 방식이다. 예를 들어 영화 '핸드폰'에서는 대형마트에서 일하는 주인공을 설정하는데, 그는 고객들에게 너무 친절하여 우수사원으로 선정되기도 한다. 아무리 험한 고객들의 불평도 모두 들어주면서 문제를 해결하지만, 그럴수록 내면에서는 알 수 없는 분노가 쌓이게 된다. 그러던 중에 주인공은 우연히 핸드폰을 줍게 되고, 이를 찾는 핸드폰 주인에게 그동안 쌓였던 내면의 분노를 표출시키면서 극은 복잡하게 전개된다. 주인공은 핸드폰 주인에게 이제 사원이 아니라 고객이 되어 악인으로 새롭게 설정된다. 주인공은 선인과 악인의 다면적인 성격을 함께 보여주면서 극의 전개에 힘을 불어넣는다.

조연들의 캐릭터도 시놉시스 단계에서 치밀하게 설계되어야 한다. 감칠맛 나는 조연들의 역할은 극 전개에 윤활유 같은 역할을 한다. 조연들의 성격은 대부분 바보이거나 엉뚱하거나 좌충우돌하거나 굉장히 웃기는 등 등장인물들 사이에서 감초 같은 역할을 한다. '아내의 유혹'에서 오영실의 바보 캐릭터와 '남자이야기'에서 정신지체 장애인 같지만 주식 등에서 천재성을 보여주는 인물(마징가)처럼 주인공보다는 조연의 역할이 더 두드러지기도 한다. 조연들의 입체적인 캐릭터 설정은 등장인물들의 관계에서 음모와 긴장, 재미와 감동 등 많은 이야기를 할 수 있도록 만든다.

시놉시스에서 등장인물의 캐릭터 설정과 함께 중요한 것은 이야기 전개방식이다. 시청자들은 1차적으로 등장인물 때문에 드라마를 시청하지만, 지속적으로 시청하게 하려면 이야기 자체가 재미와 감동을 주어야 한다. 극의 전개는 끊임없이 긴장과 갈등이 일어나야 하고, 또한 이를 적절한 시점에서 화해시켜야 한다. 다시 말해 긴장과 갈등, 화해가 적절한 곡선을 그리면서 서로 치고 빠지는 형태를 취해야 시청자들의 호기심을 자극할 수 있고 드라마에 빠져들게 할 수 있다. 스토리텔링의 성공적인 구성 공식은 없지만 대개의 경우 멜로 라인을 중심축으로 하여 음모와 배신, 도전과 성공, 갈등과 화해 등의 요소들이 적절하게 조합된다.

이와 함께 이야기가 실제에 기반하고 있는지, 판타지를 전제로 하고 있는지에 대한 판단이 병행되어야 한다. 전자는 리얼리티reality가 강한 이야기 구성이며 후자는 허구에 기반을 둔 판타지fantasy 구성의 드라마이다. 리얼리티 드라마는 시청자들에게 나의 주변에서 일어났던 일, 또는 앞으로 일어날 수 있는 일이라는 생각을 하게 함으로써 드라마에 몰입할 수 있게 만든다. '미생'처럼 일반 회사에서 일어날 수 있는 에피소드를 드라마로 표현한 것이 좋은 예가 될 수 있다. 판타지 드라마는 정신적 또는 경제적인 수준에서 시청자들에게 대리만족을 줄 수 있는 내용 중심으로 전개된다. '꽃보다 남자'에서 헬기를 타고 학교에 등교한다거나 오뎅 먹으로 홋가이도에 가는 것, 또는 '태왕사신기'에서 보여준 판타지가 대표적인 사례이다.

3. 차별화된 기획 방법

그렇다면 어떻게 하면 좋은 기획을 할 수 있을까? 먼저 작게 시작해야 한다. 큰 이야기를 하려다 보면 밀도 있는 기획을 할 수 없다.

작은 이야기에서 시작해야 구체적이며 밀착된 기획을 할 수 있다. 또한 나의 주변에서 아이템을 찾아야 한다. 나의 관심과 취미, 나의 환경에서부터 출발해야 한다. 내가 많이 알고 있고 많이 접해본 이야기를 기획하게 되면 타인보다 훨씬 경쟁력 있고 매력 있는 콘텐츠를 만들 수 있다.

(1) 작게 시작하라

처음에 콘텐츠 기획을 하다보면 사회적으로 큰 관심을 모았던 이슈에서부터 시작하는 경우가 많다. 대중매체를 통해 흘러나온 아이템들을 중심으로 기획을 시작하면 큰 이야기가 되기 쉽다. 이야기를 풀어 나가는데 집중도가 생기지 않고 옆길로 빠질 가능성이 크다. 또한 대중매체를 통해 이미 알고 있는 진부한 이야기를 하기 쉽다. 거친 예가 되가 되겠지만 북한 핵 문제에 대해 기획한다고 가정하자. 국내외적으로 관심의 대상이 되고 있기 때문에 기획자는 북한 핵에 대해 다양한 방면에서 취재구성하려 한다. 그러나 북한 핵에 대한 정보는 대부분 언론의 보도내용에서 찾을 수밖에 없고 이를 짜깁기 구성할 수밖에 없을 것이다. 이렇게 되면 '새로움'이라는 기획의 핵심을 놓치게 되고 시청자들로부터 큰 호응을 받을 수 없다.

북한 핵이라는 큰 이야기에서 양파 껍질 벗기듯 작은 이야기로 범위를 좁혀야 한다. 예를 들어 '북한 핵 ➡ 한반도 평화 ➡ 휴전선 인근 마을의 평화 ➡ 강원도 고성군의 평화 ➡ 고성군 어느 초등학생의 평화' 식으로 작은 이야기를 찾아야 한다. 휴전선 인근에 사는 어느 초등학생이 전방 초소병과의 만남을 통해 일어나는 다양한 에피소드를 북한 핵과 관련해 풀어낸다면 좋은 기획이 될 수 있다. 큰 이야기에서

작은 이야기로 좁혀 가는 방식도 좋지만 작은 이야기에서 더 작은 이야기로 기획하는 방법도 좋을 것이다. 어떤 콘텐츠도 구체성을 결여하면 죽은 콘텐츠나 다름없다.

(2) 나의 관심에서부터 시작하라

콘텐츠 기획은 흩어져 있는 수많은 콘텐츠와의 경쟁이다. 이미 존재하는 콘텐츠보다 새로워야 하고 앞으로 존재할 콘텐츠와 차별되어야 한다. 남이 보기에 좋은 아이템, 사회적으로 관심 받을 수 있는 아이템에서 출발하면 경쟁력이 없어진다. 특별한 이야기가 아닌 일반적인 이야기를 할 가능성이 높다. 내가 다른 사람보다 더 많이 그리고 정확히 알고 있지 못하기 때문이다.

경쟁력 높은 콘텐츠 기획을 하기 위해서는 나의 관심에서 출발해야 한다. 누구나 알고 있는 기획방법이지만 쉽게 잊어버리는 경우가 많다. 평소에 좋아하는 일이나 알고 싶었던 내용, 나의 취향과 취미에서 아이템을 찾게 되면 구체적이며 특별한 이야기를 할 수 있다. 누구보다도 그 분야에 대해서는 더 많이 알고 있기 때문이다.

그룹사운드에 대한 음악 콘텐츠를 기획한다고 가정하자. 기획자는 한때 퍼스트first 기타를 연주했기 때문에 그룹사운드가 만들어 내는 화음에 관심을 가지고 있었다. 드럼과 기타, 키보드 등으로 화음을 큰 덩어리로 만든다는 일반인의 생각과 달리, 기타에서 퍼스트, 세컨드second, 베이스base가 만들어 내는 소리가 어떻게 구성되어 화음을 만들어 내는지에 대해 작고 특별한 이야기를 할 수 있다. 또한 악보에 표시되지 않은 음을 애드리브ad rib하는 방법과 그것이 전체 화음에 어떤 영향을 미치는지 등에 대해 구체적인 이야기를 할 수 있다. 연주자들끼리 주고받는 눈빛이 음악의 완성도를 높이는데 어떻게 기여하는지에 대해서도 자신의 체험을 바탕으로 자세히 구성할 수 있다. 이처럼 개인적인 관심에서 출발하면 매력적인 콘텐츠를 기획할 수 있다.

(3) 나의 주변에서부터 시작하라

좋은 기획을 위한 또 다른 방법은 나의 주변에서부터 시작해야 한다는 것이다. 내가 크고 자란 고향, 나의 집안 내력 등에서 아이템을 찾는다면 경쟁력 있는 기획을 할 수 있다. 나의 고향이 주는 기획적 영감은 다양하다. 집 앞의 들판, 논밭, 계곡과 집에서 키우던 소, 염소, 닭 등에서 다양한 아이템이 나올 수 있다. 계곡 속의 돌 밑을 들추며 개구리와 물고기를 잡던 기억을 떠올리면 계곡의 돌이 생태계에 미치는 영향에 대해 기획할 수 있다. 또한 논에서 메뚜기와 놀던 기억과 관련하여 메뚜기가 사라져 버린 이유에 대해서도 이야기 할 수 있다. 소똥의 유용성과 좋은 계란을 얻는 방법, 염소의 음식 등에 관한 구체적인 내용을 구성할 수 있다. 이러한 아이템들은 서적이나 언론을 통해 알려진 정보에 의존하기보다 기획자 자신의 경험에 바탕을 두어야 한다. 그렇게 해야만 기존의 콘텐츠와 차별화된 새로운 이야기가 될 수 있다.

나의 집안 내력도 좋은 기획을 위한 출발점이 된다. 부모님의 직업이 무엇인지, 집안 대대로 이어져 오는 가업은 없는지, 집에서 가족들이 즐겁게 함께 하는 놀이는 무엇인지 등을 짚어보면 좋은 아이템이 도출될 수 있다. 부모님이 현재 비닐하우스 농사를 짓고 있다면 '비닐하우스 농법의 비밀'이나 '비닐하우스 제조법' 등에 관한 기획을 할 수 있다. 또는 옛날부터 교육자 집안이었다면 소장하고 있는 '특별한 책'에 관해 기획할 수도 있고, '공부 잘 하는 독특한 비법' 등에 대해 특별한 이야기를 풀어낼 수도 있을 것이다. 또한 가족들이 평소에 배드민턴을 즐긴다면 '배드민턴의 소품'에 대한 재미있는 기획도 가능할 것이다.

03 기획의 실제

결혼식 비디오는 좋은 기획의 결과인가? 아니면 그 반대인가? 대부분의 결혼식 비디오는 단순한 기록물에 지나지 않는다. 10년 전에 찍은 비디오나 지금의 결혼식 비디오는 신랑과 신부, 하객들 등 참석자만 다를 뿐 모두 똑 같다. 왜냐하면 내용 및 영상구성 방식에 큰 차이가 없기 때문이다. 대체적인 구성방식은 신랑 · 신부 입장, 양가인사, 주례사, 하객들, 축가, 부케전달, 사진촬영 등의 예식 순서대로 구성된다. 이러한 결혼식 비디오는 콘텐츠이기 보다는 일반적이고 평면적인 이벤트event의 기록물에 지나지 않는다. 가족이나 친지 등 결혼과 관련된 특정한 사람들에게만 기록물로서 의미 있을 뿐 일반인들에게 소구할 수 있는 콘텐츠가 될 수 없다.

그렇다면 결혼식 비디오가 가치 있는 콘텐츠가 되려면 어떻게 해야 할까? 스토리를 새롭게 구성해야 한다. 예를 들어 신부의 어머니 입장에서 결혼식 비디오를 제작해보자. 결혼식에 가보면 신부 어머니는 대체로 눈물을 흘린다. 신랑의 어머니는 울지 않는데 왜 신부의 어머니는 눈물을 흘릴까? 이점에 착안하여 '어머니의 눈물'이라는 타이틀로 결혼식 비디오를 제작해보자. 어머니의 입장에서 구성하면 기존의 비디오와는 완전히 다른 영상과 내용으로 제작할 수 있을 것이다. 또는 옛 애인의 시선에서 제작할 수도 있고, 꼬마 하객을 중심으로 결혼식에 새로운 스토리를 전개시킬 수 있다.

이와 같이 좋은 기획이란 기존의 것과는 다른 새로운 무엇인가를 찾아서 새롭게 구성하는 것이다. 여기에서는 앞서 살펴 본 새로움이란 측면에서 눈여겨 볼만한 기획안을 예시하고자 한다.

신편성 기획안

♬ 음 악 세 상 ♬

(대중음악에 관한 정보 프로그램)

기획 : 김혁조
부서 : TV 제작 3부

Ⅰ. 프로그램 개요

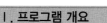

1. 프로그램명 : 음악세상(가제)

2. 프로그램 목표 : 대중음악에 관심있는 20, 30대에게 대중음악의 쟝르, 아티스트, 앨범 등에 관한 다양한 정보를 제공함으써 대중음악을 ‘알고 듣는 기쁨’을 만끽하도록 한다.

3. 프로그램 성격 : 재즈, 레게, 보사노바 등 평소 많이 들어 본 쟝르지만 잘 이해가 되지 않은 시청자들에게 음악의 쟝르별 정의와 발생, 특징 등 다양한 정보를 제공함으로써 대중음악을 올바르게 감상할 수 있게 하는 대중음악에 관한 정보 프로그램

4. 주시청 대상 : 대중음악에 관심있는 20대 - 30대
   (째즈, 레게 등 음악쟝르에 관해 한번 이상 들어본)

5. 편성구분 : 1) TV프로그램 - STUDIO + ENG + 중계녹화
   (경우에 따라)의 종합구성 40분물
   2) 정규프로그램 - 1주 1회 방송으로 26주 편성

6. 희망 방송일시 : 금요일 21:40 - 22:20 또는 토요일 21:40 - 22:20

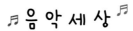

7. 예상 아이템 : 별첨 참조

Ⅱ. 기획의도

1. '한민족은 가무를 즐기는 민족'이라는 말을 여실히 증명해 주듯이 대중음악에 관한 시청자들의 관심은 날로 증대되고 있다. '열린 음악회' 등으로 대표되는 공중파 방송의 기존 프로그램들은 단발적 흥미와 인기에 편승함으로써 음악에 대한 시청자들의 이해를 '수박겉핥기'에 머물게 하고 있다.
2. 물론 CATV-음악채널과 일부 라디오 방송에서 음악정보프로그램을 편성하고 있지만 채널이 가진 한계와 명료한 기획의 부재로 인해 시청자들에게 올바른 감상법이나 음악적 정보를 전달하기에는 역부족인 것이 현실이다.
3. 개별 프로그램마다 명확한 타겟오디언스(TARKET AUDIENCE)와 정확한 메시지 전달을 자랑하는 E방송사의 편성표(TV)에도 대중음악에 관한 정보프로그램은 빠져있다. 교양, 드라마, 쇼 등 현행 방송계에서 있을 수 있는 모든 장르의 프로그램이 존재함에도 불구하고 '대중음악'과 관련된 프로그램은 여전히 틈새로 남아있는 실정이다.
4. 날로 증대되는 시청자들의 대중음악에 관한 욕구를 바람직한 방향으로 이끌고 국민의 평생 교육의 장으로서 존재하는 E방송사의 존립이유를 더 공고히 하게 위해서도 대중음악에 관한 정보프로그램의 편성은 그 어느 때 보다 시급하다 하겠다.

Ⅲ. 제작방향

1. 흥미와 인기에 초점을 둔 기존의 프로그램과 달리 대중음악에 관한 정보제공에 주안점을 두어 타방송사 프로그램과 차별화 되도록 한다.
2. 대중음악에 관심 있는 20-30대를 주시청자로 하여 대중음악 전반에 걸친 모든 장르를 소개함으로써 음악적 이해를 높인다. 단 시청영역 확대를 위해 너무 전문적인 아이템은 피하고, 평소 많이 들어본 장르

지만 잘 구분이 되지 않았던 음악의 장르별 정의와 발생, 특징 등을 제공함으로써 대중음악을 '알고 듣는 기쁨' 을 만끽하도록 한다.

3. 진행방식은 기본적으로 진행자와 패널들의 토크와 LIVE연주를 통해 진행되며 다양한 코너를 안배해서 흥미요소를 높인다.

예상코너

① 장르, 장르, 그 장르 – 대중음악 장르를 뮤직 비디오, 음악 동호인의 활동, 외국 아티스트 공연 등을 발굴해 소개.

② 베스트 앨범 – 그 장르를 이해하는데 있어서 필수적인, 교과서적인 앨범을 소개

③ 뮤직 닥터 – 시청자들의 음악에 대한 여러가지 질문을 엽서로 받아서 풀이해 주는 코너

④ 리듬 교실 – 각 장르의 기본 리듬을 응용해서 기존의 노래(쉬운 동요나 가요등)를 시청자들과 함께 배워 보는 코너

⑤ 정보프로그램이 갖는 지루함을 덜기 위해 스튜디오, 뮤직비디오, ENG, LIVE연주 중계녹화를 통해 프로그램 전체에 새로움과 역동성을 부여한다.

4. 스튜디오 진행을 위해 사회자 1인과 리포터1인, 패널 1-2인을 고정 출연자로 한다.

▷ 사회자 : 코믹한 캐릭터를 가진 대중음악관련 진행자 1인
(정원영, 송병준, 김창남, 한동준, 김현철, 유영석, 김창완 등)

▷ 패 널 : 해당 아이템에 전문적인 지식을 가지고 있는 전문가
(째즈-한충완, 김광민 등 버클리파, 블루스-이정선 등 신촌 블루스 등)

▷ 리포터 : 예상되는 코너를 진행할 발랄하고 재치있는 여자리포터
(배혜진, 오아랑, 김시연, 김효정, 사현진, 황혜영 등)

▷ 그외 각 아이템에 맞는 연주자를 출연시켜 해당 장르를 실연하게 한다. 예) 남궁연-드럼을 이용해 라틴 째즈와 아메리칸 째즈를 차별화 시켜 연주한다.

5. 대표적인 외국 아티스트의 내한 공연이나 특별한 국내 아티스트의 라이브 연주 등은 ENG와 중계녹화를 통해 제작한다.

Ⅳ. 기본구성안

순서	내 용	시 간
1	타 이 틀	30"
2	MC 오프닝	01'
3	아티스트실연 (해당주제에 적합한 전문아티스트의 인트로 연주. 피아노, 기타, 드럼 등 간단한 악기로)	04'
4	스튜디오 토크 (해당 주제에 대해 패널과 토크)	05'
5	코너 1 ('쟝르, 쟝르, 그 쟝르' - 대표적인 뮤직비디오 등을 보면서 설명 및 토크)	08'
6	스튜디오 토크 (해당 주제에 대해 패널과 토크)	03'
7	코너 2 ('리듬교실'- 간단한 타악기등을 이용하여 기존의 동요 등을 변형연주하고 배워봄으로써 해당주제의 기본리듬에 대한 이해를 높임)	05'
8	스튜디오 토크 (해당 주제에 대해 패널과 토크)	03'
9	코너 3 ('베스트 앨범' - 해당 쟝르의 대표적인 앨범 소개)	03'30"
10	MC 브릿지	01'
11	코너 4 ('뮤직 닥터' - 시청자들의 궁금증 해소)	03'30"
12	MC 클로징	01'
13	끝 타이틀	30"
러 닝 타 임		39'00"

V. 주간편성계획

	내 용	별첨아이템번호
1주	재즈란 무엇인가?(총괄소개)	136
2주	비밥 앤 스윙	221
3주	애시드재즈	238
4주	쿨재즈와 핫재즈	141 176
5주	클래식재즈	185
6주	이스트코스트재즈와 유로재즈	166 161
7주	모던 재즈	35
8주	팝재즈	24
9주	ROCK그것이 궁금하다!!!(총괄소개)	86
10주	Dada 락	169
11주	Bayou 락	222
12주	Alternative 락	232
13주	팝이란?(총괄소개)	
14주	비트팝의 모든 것	220
15주	일렉트로 팝	163
16주	라틴뮤직 집중분석(총괄소개)	128
17주	라틴 소울	129
18주	라틴 락	130
19주	브라질리언뮤직이란?	203
20주	삼바	
21주	쇼로	189
22주	살사	
23주	리듬 앤 블루스를 아십니까?	89
24주	레게와 함께 여는 세상	90
25주	브라질리언뮤직(삼바.쇼로.바이용.살사)	203

26주	우리도 Rapper	18
27주	해비메틀	144
28주	영화음악	50
29주	이지 리스닝	164
30주	롹큰롤	87
31주	컨트리 뮤직이란?	174
32주	컨트리 롹	173
33주	컨트리 블루스	175
34주	샹송	192
35주	칸소네	194
36주	칼립소	195
37주	컨템퍼러리뮤직	177
38주	환경음악	231
39주	발라드	224
40주	부기우기!!	208
41주	보사노바	205
42주	포크의 모든 것	157
43주	뉴 에이지 뮤직	115
44주	펑크의 모든 것(총괄소개)	96
45주	펑크재즈	95
46주	펑크 롹	96
47주	웨스턴 뮤직	58
48주	퓨전뮤직	46
49주	뉴 뮤직	28
50주	블랙 뮤직이란?	215
51주	로캄보	14
52주	메세지 송	37

대중음악을 주제별로 접근했으나 그외 시대별, 아티스트별, 유행사조별, 악기별로 다양한 접근이 가능함.

TV / R 프로그램 기획안

제작팀/제작사	청소년팀	연 출 자	김 혁 조
프로그램명	청소년 심리 드라마 '나는' (또는 엔 닷 컴)		
매 체	TV		
포 맷	드라마 (청소년 심리 드라마)		
대상 시청층	청소년 및 일반성인		
방송시간 방송시간	가. 시간 : 매주 수, 목, 금 19:50-20:00		
	나. 이유 : 심리극의 특성상 10분 정도의 컴팩트한 구성필요. 3일 정도의 띠편성을 통한 프로그램 노출 극대화.		
기획의도	가. 개관 : 인간은 누구나 특정한 상황과 대상에 대해 심리적 집착과 갈등을 겪게 됨. 특히 세계관과 가치관이 정립되지 않은 청소년들의 심리적 갈등은 질풍노도와 같음. 예나 지금이나 청소년들의 가장 큰 불만은 그들의 마음을 너무 몰라준다는 것. 그렇다면 청소년들의 마음속 깊은 곳을 찬찬히 들여다볼 필요가 있음. 그들이 겪는 내적 갈등에 대한 뚜렷한 해결책을 제시하기 이전에 청소년들이 자기 자신에 대해, 또 특정한 상황과 대상에 대해 어떤 생각을 가지고 있는지 그들의 편에 서서 제대로 읽어 내야함. 그 이유는 청소년과 멀어져 있는 우리 어른들과의 간격을 좁히는데 가장 필수적인 첫 걸음이기 때문.		
	나. 목적 : 1. 청소년들의 입장에서 2. 그들 자신과 특정한 대상 및 상황에 대해 겪는 그들의 심리적 갈등을 밀도 있게 그려내 3. 그들에게 기댈 언덕(고민해소의 장)을 제공하고 4. 성인들에겐 청소년들에 대한 이해를 높인다.		
	다. 기대효과 : 1. 청소년들이 자신의 고민을 털어내 놓을 수 있는 탈출구가 될 수 있다. 2. 청소년들을 가장 잘 이해할 수 있는 대표적인 프로그램이 될 수 있다. 3. 예상시청률 1-1.5%		

제작방향	가. 프로그램의 핵심적 특징 : 1. 사건중심의 기승진결과 같은 일반적 구성을 벗어난 인물의 심리에 천착한 이미지 중심의 구성 지향. 2. 미묘한 심리를 다루기 위한 나레이션 기법 및 판타지 기법의 활용. 3. FS-MS-1S등과 같은 기존의 영상문법을 벗어난 화면채색,CU중심 등의 독특한 영상기법의 활용. 4. 소재발굴과 청소년들의 고민해소의 장이될 수 있는 사이트 운용.
	나. 기존 프로그램과의 차별성 : 그 동안의 청소년 드라마는 폭력, 성, 교우관계, 성적 등과 같은 큰 주제들을 주로 다루어 옴. 그 결과 아이템의 고갈과 해당소재에 대한 밀도 높은 이야기를 끌어내지 못함. 이는 구성상의 문제와 맞물려 (사건중심의 '사건제시-전개-갈등-화해'식의 일반적인 드라마 구성에 집착) 시청자들에게 식상함을 줌. 따라서 발냄새,핸드폰,답안지,선생님의 벨트 등과 같은 작은 이야기 중심의 청소년 심리를 다룸으로서 새로운 형태의 드라마를 구현함. 이는 타방송사의 청소년다큐 등과도 차별화됨.
	다. 예상 문제점 및 대책 : 큰 사건 중심이 아니라 청소년들의 심리를 다룸으로써 드라마적 긴박감이 떨어질 수 있음. 이는 인물의 내적 갈등을 최대화하고 이미지 중심의 독특한 영상구성을 통해 어느 정도 해소될 것임.
	라. 적절한 출연자 : 기존의 청소년드라마에서 축적된 인적자원을 활용하고, 오디션을 통해 새로운 인물들을 보충함. 타방송사에서는 청소년드라마가 없기 때문에 다양한 캐릭터의 인물들이 E방송사에 집중될 것으로 예상됨.
	마. 시청 대상층 유인 방안 : 프로그램 홈페이지에 청소년 상담 사이트를 운용함으로써 청소년들을 유인함. 또한 청소년 관련단체들과 연계해 홍보효과를 극대화함. 청소년들을 대상으로 한 소재공모 등 회사 차원에서의 이벤트도 프로그램의 인지도를 높이는데 기여할 것임.
예상 제작비	가. 편당 제작비 : 700만원
	나. 총 제작비 : 78편 (3편×26주)×700만원 = 5억 4600 만원
제작 여건 / PD 제작경력	가. 인력 : PD 3명 나. ENG : 편당 4회 다. 스튜디오 : 가정집, 교실, 교무실
예상 아이템	답안지(시험에 대한 강박관념), 발냄새(신체적컴플렉스에 대한 고민), 핸드폰(갖고싶은것에대한 집착), 선생님의 밸트(선생님에 대한 편협된 생각), 피부(남자인 나는 피부가 왜 이렇게 고울까? 미치겠다.), 도시락(난 왜 매일 쏘세지냐?), 책상(낙서가너무많잖아,바꾸어달라고 해야 할텐데), 나의 방(동생놈을 쫓아내야 할텐데..) 등 무궁무진한 아이템들이 있음.

단막극

가 족

기획 : 김혁조
부서 : 청소년팀

Ⅰ. 프로그램 개요

1. 프로그램명 : 단막극 "가 족"

2. 프로그램 목표 : 급증하는 이혼율, 버려지는 아이들 등 가정붕괴가 가속화되고 있는 현실에서 가족간에 일어나는 갈등과 반목, 코믹한 에피소드 등 가족 구성원들 사이에서 일어나는 일들을 드라마로 표현해 가족의 화해와 화목을 위한 새로운 가능성을 제시한다.

3. 프로그램 성격 : '올바른 가정세우기'를 위한 품격있고 고급스러운 단막극 형태의 드라마

4. 주시청대상 : 일반 성인

5. 편성구분 : 1) TV프로그램 - 50분물 단막 드라마
   2) 정규프로그램 - 1주 1회 방송으로 26주 편성

6. 희망 방송일시
   ▷ 토요일 23:00 - 23:50

7. 예상 아이템 : 별첨 참조

II. 기획의도

1. IMF를 겪으면서 가족 구성원들이 해체되고 부모, 자식, 결혼, 이혼 등에 대한 개인의 가치관이 급변하고 있다. 독신자들이 증가하고 결혼 적령기도 늦어지고 있으며 자식을 꼭 낳아야 한다는 생각도 옅어지고 있다. 또한 이혼율이 급증하고 버려지는 아이들과 노인들이 많아지고 있다. 가정이 붕괴되고 있는 이러한 현실에서 '가정 바로 세우기'는 그 어떤 현안보다 방송이 앞장서 해결해야 할 과제가 아닐 수 없다.

2. 이러한 현실 인식은 올해 E방송사의 10대 기획중의 하나인 '가족의 소중함 일깨우기'로 나타나고 있으며 현재 'TV 전기문'과 '효도우미' 등으로 편성돼 시청자들로부터 좋은 반응을 이끌어 내고 있다.

3. 이러한 여세를 몰아 가족의 의미를 되새기고 상실한 가족애를 복원시키기 위해 본 드라마가 기획되었다.

4. 드라마의 본질이 인간에 대한 탐구에 있다면 매편마다 다양한 인물의 등장과 완성된 스토리를 갖는 단막 형태의 드라마를 통해 가족내에서 일어나는 희노애락을 밀착해 표현해 냄으로써 '가족의 화해와 화목'이라는 메시지를 전달하고자 한다.

5. 또한 이러한 일관된 주제를 가진 단막 드라마를 통해 주로 남녀의 사랑을 주제로 가벼운 오락적 드라마 형태를 보이고 있는 타방송사와 차별화 되도록 한다.

III. 제작방향

1. 시청자들의 폭넓은 공감대를 형성하기 위해, 터무니없는 허구적 이야기가 아닌, 현실에서 충분히 일어날 수 있는 아이템과 에피소드로 구성하여, 현실성에 바탕을 둔 감동적인 드라마가 되도록 한다.

2. 비단 가족 간의 갈등과 반목을 보여주는 것으로 그치지 않고, 가족 구성원들의 올바른 화해를 통해 미래지향적인 바람직한 가족상을 제시하고자 한다. 그런 면에서 드라마가 주는 감동 외에 깊이 있는 주제의식을 함께 다룸으로써, 한번쯤 돌이켜 생각해볼 수 있는 드라마, 시청자들 뇌리 속에 여운으로 남는 드라마가 되도록 한다.

3. 남녀의 사랑을 중심으로 한 기존 공중파방송의 트랜디 경향과 차별성을 두어, '가족문제'를 중점적으로 다룸으로써 궁극적으로 가정의 화해와 화목을 도모할 수 있도록 한다. 한 가정 안에서 일어날 수 있는 부부문제나 고부간의 갈등, 세대 간의 갈등과 더불어 교육적 차원에서 자녀의 교육문제, 더 나아가 가족과 가족 간에 일어날 수 있는 여타의 문제까지 접근하여 이웃과도 화합하는 아름다운 가족공동체의 모습을 그려보고자 한다.

4. 서울 중심의 시청자 단위를 벗어나 지방 시청자들까지 공감할 수 있도록 지방로케이션을 간다. 이를 통해 도심 외에 지방의 고유한 정서와 풍광을 담아내서 '올바른 가정세우기'의 공감대를 전국적으로 확대시킨다.

5. 드라마의 영상미를 다채롭게 가미시킴으로써, 문학적 색채와 향기를 낼 수 있도록 한다. 이와 더불어 현실적인 이야기 구성과 깊이 있는 주제로 품격 있고 격조 높은 드라마를 보여주도록 한다.

예상 아이템

회	제 목	주 요 내 용
1 회	곰탕과 스파게티	죽은 남편의 사랑으로 평생 철없이 산 시어머니, 늘 우아하고 분위기가 중요한데… 그에 반면 곰탕같이 속이 깊은 며느리. 고부간의 갈등과 화해를 음식으로 그려낸 드라마
2 회	하늘색 종이비행기	은희의 부모는 맞벌이부부. 집에 혼자 있는 시간이 많아 말문을 닫은 '선택적 함구증'에 빠진 은희. 은희의 말을 찾아 주기 위한 눈물겨운 투쟁을 하는 부모. 가족간의 대화의 중요성과 의사소통 문제에 접근해본다.
3 회	통 닭	대학을 졸업하고도 취업을 못한 삼촌. 집안의 온갖 구박을 받지만 송이에겐 돈이 생길 때마다 통닭을 사주는 가장 소중한 삼촌이다. 대졸취업난 문제를 짚어본 이야기.
4 회	감색 구두 한 켤레	정년 퇴임한 최씨. 최씨는 뒷전. 아내와 자식은 퇴직금을 놓고 티격태격한다. 비애감에 젖은 최씨, 평생 신고다닌 닳고닳은 감색 구두 한 켤레를 물끄러미 쳐다본다. 퇴임한 중년 남성의 삶을 통해 가족의 의미 조명.
5 회	아이 엠 코리언	영어 때문에 실직의 위기에 몰린 아빠, 자식들에겐 영어 때문에 눈물 흘리지 않게 하겠다고 다짐한다. 아들의 혀 수술까지 감행하며 눈물겹게 영어에 매달리지만… 영어중독의 폐해를 그린 이야기.
6 회	쇼핑하는 여자	남편 뒷바라지에 자식들까지 다 키우고 난 중년여자. 폐경기가 되자, 그녀는 여자로의 인생이 끝났다는 사실이 당혹스럽다. 중년의 외로움과 허허로움에 미친 듯이 쇼핑을 하기 시작하는데... 폐경기 여성의 자아 발견.

7 회	김부장의 콘서트	중년의 잃어버린 꿈. 50대 중반의 김부장, 안정된 직장 화목한 가정. 하지만 뭔가 빠진 듯 하다. 잊고 있던 꿈에 대한 동경. 다시금 대학 시절 때의 드럼 스틱을 잡게 된다. 중년 가장의 인생 대역전기!
8 회	부모의 은혜	분대장 훈련의 일환으로 꽃동네 봉사 활동을 떠난 김병장. 거기서 실종되었던 친할머니를 만나게 되었는데... 제주도에 버려져 이곳까지 온 할머니. 김병장은 자신의 부모에게 분노한다. 위선적인 가족을 통해 가족의 의미 조명.
9 회	딸기엄마 파이팅	딸이 하나, 기집애 하나라고 해서 일명 딸기엄마. 시어머니의 등쌀과 은근히 아들을 원하는 남편의 연합전선에 대항하는 딸기엄마. 과연 아들을 낳기 위해 또 한 번 임신을 할 것인지… 남아 선호 사상에 대한 이야기.
10 회	사이버 가족	사이버 가족, 팸. 아들이 실제 가족보다 사이버 가족에게 더 애정을 준다면… 가족의 의미를 사이버에서 찾으려고 애쓰는 아들, 그런 아들을 가정으로 다시금 돌아오게 애쓰는 엄마. 해체된 가족의 화해를 그린 이야기.
11 회	법원 가는 길	남편의 외도. 아내의 도박. 이혼을 결심한 부부. 이혼하러 가는 길에 겪게 되는 사건들을 통해, 문제는 자신에게 있음을. 그리고 서로가 배우자에게 원했던 것은 애정 어린 관심이었음을 깨닫게 된다
12 회	왕따 엄마	울 엄마는 전문직 여성. 급식, 어머니회 활동에서 본의 아니게 참석할 수 없게 되고… 급기야 어머니들 사이에서 왕따가 되는데… 자식의 교육을 위해선 치맛바람을 날려야 되는 교육 현실에 관한 이야기.
13 회	가문의 영광	대학에서 유명한 농구 선수인 형. 온 가족은 형이 집안을 일으킬 거라고 생각해 형만을 위한다. 소외감을 느끼는 동생. 하지만, 형이 은퇴를 고려할 만큼 커다란 부상을 당하면서 두 형제의 관계에도 변화가 생긴다.

14 회	너희가 홍동백서를 아느냐	조부모 기일. 느닷없이 시골 큰아버님이 도포자락 휘날리며 상경한다. 고등학생 경호는 난생 처음 제사를 준비하게 되는데… 제사의 의미와 뿌리에 대한 성찰을 하는 이야기.
15 회	따뜻한 바위	신체 내에서 과다한 칼슘이 생성 돼 차츰 바위로 굳어 가는, 결국엔 심장까지 굳어지는 희귀한 병을 가진 아들. 아들의 죽음을 준비하면서도 밝게 살아가는 엄마와의 이야기. 삶은 그 자체로 숭고하다는 이야기.
16 회	결혼의 조건	연상연하 커플 증가. 초혼 남과 재혼녀의 결혼 급증. 이젠 남자들도 여자의 조건과 능력을 고려한다는데… 변모하는 남자들의 결혼관을 그린 이야기.
17 회	백설공주와 난쟁이	러시아로 출장 간다던 아들이 백인 여성을 데리고 나타난다. 금발의 여성과 결혼하는 게 소원이었다는 아들. 결혼은 자신이 좋아하는 이와 하는 게 맞다지만, 외국인과 결혼하겠다는 아들의 말을 어떻게 받아들여야 할런지?
18 회	엄마의 김치냉장고 소동	김장철. 한옥 장독대가 못마땅한 엄마. 김치 냉장고 하나 있었으면 해서 경품 추첨에 목숨을 걸고 참석하게 되는데… 작은 욕심에서 시작해 사건의 본질이 바뀌는 이야기.
19 회	낙 서	미술대 교수인 아버지. 늘 예술가의 가치 있는 삶을 지향하고… 아버지의 재능을 물려받은 아들. 허나, 그래피티스트(길거리 벽화 전문가)의 삶을 사는데… 아버지 눈에는 한낱 낙서로만 보이고…
20 회	색동 저고리	할아버지의 재혼. 새로 들어온 할머니의 괴팍한 성격 때문에 가족들과의 불편은 시작되는데…
21 회	실 종	사라진 딸. 부모는 모든 것을 접고 딸을 찾아 전국을 찾아 헤매는데… 어디에 있는지 행방은 알 수 없고 죽는 날까지 딸을 찾겠다는 부모들의 눈물겨운 이야기.

22 회	하모니카	재혼으로 이뤄진 가족. 청소년인 아들과 딸은 서로를 남매로 인정하지 못한다. 하지만 결국 서로를 가족으로 받아들이며 가장 소중히 여기는 하모니카를 여동생 생일 선물하는데… 재혼 가정의 진정한 가족화합을 그린 드라마.
23 회	길 위에서	'자신이 낼 수 있는 최고 속도의 70%만 내면 사고 나지 않는다.' 오토바이 광인 부자. 아버지는 길 위에서 아들에게 오토바이의 모든 것을 가르치는데… 인생에 있어서도 자신의 역량을 욕심 없이 70%만 낸다면 행복해 질 것이라 생각하는 아들. 오토바이를 통해 길 위에서 인생을 배우는 부자 이야기.
24 회	설	남자동서지간의 갈등 이야기. 한참 어린 맏동서를 둔 태호. 처형을 생각해 참지만, 장인장모에게 살살거리는 맏동서가 영 고깝다.
25 회	세탁소 옆 미장원	자녀교육에 열정적인 세탁소와 미장원 엄마. 성적이든 외모이든 한치도 질 수 없기에, 자녀들에게 경쟁심리를 부추기고, 엄마들의 희생양이 되어버린 아이들은 점점 힘겨워지는데… 엄마들의 지나치게 과열된 경쟁심리를 짚어보며, 이웃간의 화합까지 되짚어본다.
26 회	조상의 은공	선산이 도시 개발 지역으로 편입. 수백억대 보상금을 가지고 문중의 남자와 여자가 대립하게 되는데… 엄마와 아들이, 아빠와 딸이 여자와 남자로 한 가족 내에서 갈라지는데… 이 땅의 여성들의 권리찾기!

표준제작비(가안)

지급규정 대구분	지급규정 내용	표준 제작비	산출내역 및 산출기초
원고료	기본극본료	1,800,000	별결 [1,800,000]
	극본자료비	200,000	별결 [200,000]
	스파트(비정규)원고	8,600	나급 1 [8,600]
출연료	TV드라마 스파트극	455,000	6등급 50 [91,000] 5인×1
	TV드라마 스파트극	625,000	8등급 50 [125,000] 5명×1
	TV드라마 스파트극	1,480,000	15등급 50 [296,000] 5인×1
	야외수당	1,122,000	6등급 1 [74,800] 5인×3일
	야외수당	972,400	8등급 1 [74,800] 5명×3일
	야외수당	1,101,100	15등급 1 [84,700] 5인×3일
	엑스트라(일반)	990,000	없음 1 [27,500] 18명×2일
	TV음성배역	154,750	가급 50 [123,800]
음악료	실내악곡작곡	65,000	가급 1 [65,000]
	순수 실내악편곡	57,000	가급 1 [57,000]
	순수 중주, 합주	205,000	가급 1 [41,000] 5×1
	TV드라마 음악효과	150,000	가급 50 [150,000]
	TV드라마 음향효과	112,000	가급 50 [112,000]
기타	제작보조원	1,000,000	별결 [1,000,000]
	의상코디	300,000	별결 [300,000]
	분장코디	300,000	별결 [300,000]
	장소사용료	1,500,000	별결 [1,500,000]
	대본인쇄비	167,200	없음 [167,200]

지급규정 대구분	지급규정 내용	표준 제작비	산출내역 및 산출기초
제작진행비	TV드라마 기본진행	50,000	없음 50 [50,000]
	TV드라마야외진행비	200,000	없음 1 [50,000] 4일×1
	TV현장답사비 (시내외)야외진행	30,000	없음 1 [10,000] 3×1
	특수진행비	400,000	별결 〔400,000〕
	제작스텝식비	1,750,000	없음 1 [5,000] 35명×2식×5일
	기술스텝비	4,500	없음 1 [3,000] 1.5×1
	미술,ENG스텝비	4,500	없음 1 [3,000] 1.5×1
	TV기획비	400,000	별결 [400,000]
외부장비용역	주.야간조명 기본	1,822,000	1회 1 [455,500] 4일×1
	주.철야조명 기본	568,900	1회 1 [568,900] 1*
	무대조명 장비	291,600	1.2KW 1 [58,320] 5대
	동시녹음 기본	607,448	1일 6시간이상 1 [168,730] 1.2×3일
	동시녹음 기본	539,936	1일 6시간이상 1 [168,730] 1.2×2일
	발전기	540,540	150kw(1일당 1대) 1 [270,270] 1×2일
	특수장비	500,000	
	특수효과	400,000	
소품비	소품제작구매	100,000	없음 (100,000)
여비(1박2일, 20인 기준)	국내 식비	720,000	
	국내 숙박비	400,000	
22,144,474			

* 1회당 5일 촬영을 기준으로 작성하였음.

특집 기획안

민족문화 – 격구의 부활

(문화 유산의 해 특집 다큐멘터리)

기획 : 김혁조
부서 : TV 3부

Ⅰ. 프로그램 개요

1. 프로그램명 : 『민족 문화 - 격구의 부활』 (가제)

2. 프로그램 목표 : 문화 유산의 해를 맞이하여 기마 민족의 호연지기 정신을 고스란이 담고 있는 '격구'를 복원 시키려는 일단의 노력들을 짚어 봄으로써 사장되어 가는 민족문화이 중요성을 일깨운다.

3. 프로그램 성격 : 문화유산의 해 기념 특집 다큐멘터리

4. 편성구분 : 다큐멘터리 형식(ALL ENG)으로 50분 분량

5. 주시청대상 과 소구내용 : 민족고유의 스포츠인 격구복원과정과 전통격구협회 단원들의 모습을 통해 불특정 다수 대중들로 하여금 민족문화의 가치와 문화복원의 중요성을 다시금 되돌아보게 함.

6. 희망 방송 일시 : 추석(9월16일 20:00~20:50)

7. 촬영기간 및 촬영 아이템

☞ 3월 1일 (토)
격구합숙 시작모습(노제지내는 모습)

☞ 4월 26일 (토)~4 월 29 일 (화)
격구단원들의 합숙모습(경마장 & 경기도 연습장)

☞ 4월 30일 (수)~5 월 3 일 (일)
단원들 생활모습(제주도의 김경남씨, 부여의 지아끼 상 등)

☞ 5월 18일 (일)
제3회 경마문화제 행사모습(격구시합 & 마상무예모습)

II. 기획의도

'국경이 없어진다' 혹은 세계화라는 말에 너무 익숙해져버린 우리, 그래서 어쩐지 우리것, 우리 뿌리를 찾는다는 것은 궁상맞고 고리타분하게 들리는 것이 안타까운 현실이다.

어느 누구도 우리문화복원에 관심조차 기울이고 있지 않는 끊어지려는 그 오천년의 역사의 끈을 이어 조상들의 힘찬 기상과 호연지기를 이어가려는 사람들이 있다.

문화유산의 해인 97년을 맞아 서울벌판에서 광활한 대륙을 거침없이 질주하던 웅대한 기마민족의 모습을 재현하기 위해 비지땀을 흘리고 있는 한국전통격구협회 단원들이 바로 그들이다.

주부로 연기자로 대학생으로 사회의 다양한 자리에서자신들의 역할을 충실히 수행하고 있는 이들은 민족문화복원이라는 가슴벅찬 사명감을 안고 오늘도 말과 하나되어 달리고 있는 것이다.

이미 삼국시대 선조들의 마상무예를 94년 복원한 바 있는 이들이 이제 삼국시대 우리민족의 스포츠였던 격구를 복원, 천년의 역사를 부활하는 그들의 모습을 통해 민족문화의 해,우리문화의 우수성과 민족문화복원의 필요성을 다시 한번 되새기고자 한다.

Ⅲ. 제작방향

1. 문화유산의 해를 맞이하여 국내 최초로 복원되는 마상격구, 그 모습을 통해 그 옛날 말을 타고 대륙을 누비던 우리 선조들의 웅대한 기상과 호연지기를 다시 한 번 되새겨 본다.

2. 삼국시대부터 선조들이 즐겨왔던 민족스포츠인 격구, 격구의 정의, 역사 경기방법 그리고 격구가 지닌 가치를 일반 대중에게 알린다.

3. 각자에게 주어진 평범한 삶을 살아가고 있는 단원들이 아무런 대가도 없는 전통문화복원에 앞장서게 된 취지와 보람 그리고 남몰래 겪는 어려움들을 단원들의 생활모습과 인터뷰 등을 통해 알아본다.

4. 전통마상무예와 격구 복원이라는 꿈을 이루기 위해 남들이 알아주지 않는 외길인생을 20여년간 걸어온 김ㅇㅇ단장의 모습을 통해 현재를 살아가는 자랑스런 한국인의 모습을 보여준다.

5. 94년 이들에 의해 이미 복원된 삼국시대 무인들의 연마하던 이른 바 무예의 꽃, 마상무예모습을 소개한다.

6. 전통격구협회단원 중 유일한 일본인인 지ㅇㅇ상, 그녀가 모국인 일본이 아닌 한국의 전통문화를 복원하는 작업에 참여하게 된 계기를 알아보고 이를 통해 일반대중에게 우리문화의 소중함을 다시 한 번 일깨워 주고자 한다.

Ⅳ. 기본구성안

순서		내 용	시 간
1	인트로	새벽에 격구 시합하는 모습	30"
2	타이틀	문화유산의 해 특집 '민족문화-격구의 복원'	30"
3	격구의 중요성	경마문화제를 통해 국내 최초로 복원된 격구의 의미, 이를 복원한 한국전통격구협회의 실체, 그리고 마상무예복원후 격구를 복원하려는 노력이 갖는 총체적 의미를 짚어봄으로서 한민족 전통스포츠 '격구'의 중요성을 서론적으로 간략히 살펴본다.	10'
4	격구란? 그리고 복원의 의미	- 격구란 무엇인가 : 일반적으로 알고 있는 영국 '폴로' 와의 비교를 통해 '격구'의 우수성, '격구'의 대중화 필요성 등을 역사적 접근을 가미하여 살펴본다. - 격구복원노력이 갖는 의미 : 한국전통격구 협회 회원들이 '격구복원'에 참여할 수 밖에 없는 이유와 복원에 대한 집념, 그리고 그 과정속에서 겪는 인간적인 갈등 등을 살펴봄으로서 시청자들로 하여금 사장되어 가고 있는 전통문화의 우수성, 중요성에 대한 경각심을 일깨운다.	30'
5	전통 문화의 보존	- 전통문화의 보존,계승의 중요성 : 한국전통격구협회 회원들의 의해서 복원된 '격구'의 의미, 그리고 '격구'의 대중화를 위한 노력들을 결론적으로 정리하면서 전통문화의 보존, 계승의 중요성을 시청자들로 하여금 인지하도록 유도한다.	7'30"
			총 48'30"

TV 제작계획서

결재	차 장	부 장	국 장	본부장

프로그램명		민족문화 – 격구의 복원	제작 부서	교육제작국 TV 제작3부
방송 일시	본 방	(방송시간 미정)		
	재 방		담당 PD	김혁조(인)
프로그램 목표		문화유산의 해를 맞이하여 기마 민족의 호연지기 정신을 고스란히 담고 있는 '격구'를 복원, 대중화 시키려는 한국전통격구협회 회원들의 노력들을 짚어 봄으로서 사장되어 가는 민족문화의 우수성과 중요성을 일깨운다.		
기본 제작 방향		1. 민족전통 스포츠인 '격구'의 실체와 우수성, 그리고 '격구'의 대중화 필요성을 일반인이 알고 있는 영국의 '폴로'와의 비교를 통해 알아본다. 2. 한국전통격구협회 회원들의 '격구' 복원과 대중화를 위한 노력들을 살펴봄으로서 사장되어 가는 민족문화의 중요성을 일깨운다. 3. '격구'를 복원하고 대중화 시키려는 한국전통격구협회 회원들의 인간적인 고뇌와 어려움을 보여줌으로서 전통문화의 보존,계승에 대한 시청자들의 경각심을 일깨운다.		

기본포멧	다큐멘타리 (기본구성안 별첨)					
방송편수	총편수	1편	제작편수	1편	재활용	
표준제작비						
총제작비	30,288,475 원					
원고집필자	박○○					
주요출연자	김○○ 한국전통격구협회 단장 외 20여명					
자 원 인 사						
기 타						

표준제작비 산출내역

프로그램명	민족문화 – 격구의부활	포 맷	다큐멘타리	단위시간	50분×1편

구 분		항 목	등급	시간	내 역	금 액
원고료		다큐멘타리	별결	50	102,000 × 5 × 1.5	765,000원
		구성자료비	가	50	26,000 × 5	130,000원
출연료		음성출연	가	50	24,730 × 5 × 1.5	185,475원
		일반출연	특	50	{130,000 + (20,000 × 2)} × 2명	340,000원
		일반출연	가	50	{65,000 + (15,400 × 2)} × 10명	958,000원
		일반출연	나	50	{52,000 + 11,000 × 2)} × 5명	370,000원
음악료		음악효과	가	50	18,800 × 5	94,000원
		작곡료	특	곡당	116,000 × 1곡(관현악)	116,000원
		편곡료	특	곡당	123,000 × 1곡(관현악)	123,000원
		연주료	특	편당	76,000 × 1편(순수음악)	76,000원
		음향효과	나	50	11,800 × 5	59,000원
진행비		특수진행비	별결	편당 50	200,000 × 1	200,000원
		개발기획비			80,000 × 1 × 2	160,000원
		기본진행			30,000 + (5,000 × 2)	40,000원
		야외진행			20,000 × 18일	360,000원
		스탭식비			5000 × 10명 × 2식 × 4일	400,000원
		사전답사			10,000 × 1회	10,000원
특수 장비 임차		조명장비			231,000 × 1조 × 18일	4,158,000원
		스테디카메라			700,000 × 3일	2,100,000원
		HMI(4kw)			148,000 × 3일 × 2대	880,000원
		발전차			240,000 × 3일	720,000원
		크레인			700,000 × 1일	700,000원
		핀 라이트			25,000 × 1대 × 1일	25,000원
소계						12,969,475원
출장비		사전답사 출장 : 1박2일(포천) × 2회 × 3명(PD, 작가, 카메라맨)				338,400원
		경기도(포천) : 6박7일				1,923,100원
		영국출장 : 6박7일				15,057,500원
총합계						30,288,475원
비고		촬영일정: 5/18 과천, 6월말-7월초 포천, 7월말-8월초 영국				

특집 기획안

피부권력

기획 : 김혁조

기획의도

두께 2mm, 가장 큰 신체기관, 피부...
이 얇은 **피부 속에 인간을 삶을 좌지우지해왔던 삶의 비밀**이 숨어 있다.

인류 역사상 지금까지도 변하지 않고 있는 욕망이 있다면
바로 **'하얀 피부'**에 대한 열망일 것이다.

우리는 왜 하얀 피부에 집착하는 것일까?
과연 피부가 하얄수록 좋은 것일까?
색깔의 정도를 떠나 피부색깔에 집착하는 이유는 뭘까?

한마디로 피부색에 따라 사회적, 경제적 지위가 결정되는 **'피부권력'** 때문이다.

이 프로그램은 **'피부'**라는 **생물학적 소재**를
'권력'이라는 **사회학적-인문학적 시선**으로 살펴보고자 한다.

이를 통해 피부에 숨겨진 권력관계를 밝혀
인간의 삶을 더 풍요롭게 할 수 있도록 각 부별로 개인과 사회에
물음표를 던지고자 한다.

1부 〈피부 가면〉

피부권력이 우리 일상 속에서 어떻게 나타나며 그 영향은 무엇인지 짚어 보고,

2부 〈피부 캔버스〉

피부에 대한 욕망이 얼마나 큰 산업을 만들었는지, 신체자본으로써 어떻게 활용되고 있는지 살펴본다.

3부 〈피부 권력〉

피부권력의 실체를 공동체실험과 '피부진화론'이라는 새로운 시각으로 접근, 피부에 집착하는 우리의 강박증이 무의식중에 학습된 허위의식임을 보여준다.

결론적으로 피부권력을 인식하고 보다 나은 삶을 위해 피부껍질에 갇혀 있지 않아야 함을 제시한다.

구성 개요

피부(皮膚) : [명사] 척추동물의 몸을 싸고 있는 조직.
신체 보호, 체온 조절, 배설, 피부 호흡 따위의 기능을 한다.

피부는 인간이 살아 숨쉬기 위한 조건으로,
인간을 환경으로부터 보호할 목적을 가지고 태어났다.
하지만 우리의 역사는 피부에 계급의 욕망과,
인종의 구분, 아름다움의 기준 따위를 새겨왔다.
그동안 우리는 피부를 통해 욕망의 배설,
권력을 향한 거친 호흡을 해 왔던 것은 아닐까…
세상은 지금, 피부에 새겨진 권력의 굴레로부터
벗어나라고 사인을 보내고 있다.

1부 『우리는 가면을 쓰고 있다 – 피부 가면』

우리는 모두 '피부'라는 가면을 쓰고 있다. 수많은 피부가면 중에서 전 세계인이 가장 선호하는 가면은 '하얀 피부가면'. 왜일까? 우리는 왜 피부색깔에 집착하는 걸까? 부지불식간 하얀 피부를 선호하는 우리는, 무의식 혹은 의식적으로 어떤 권력을 소유하고자 하는 욕망을 갖고 있는 것은 아닐까. 세계 각국에서 벌어지고 있는 백색 피부에 대한 열망의 현장, 상류층 세계에서 만들어지고 있는 호화미백 진풍경, 과거 목숨과 바꿨던 하얀 피부에 대한 맹목적인 노력들은 인류 역사가 '피부'라는 가면에 어떤 욕망들을 새겨왔는지 잘 보여주고 있다. 그리고 "피부색 Make-over 실험'을 통해, 피부색에 대한 우리의 속내와 일상 속에서 나타나는 피부가면의 실체를 만나본다.

2부 『피부에 그림을 그리다 – 피부 캔버스』

수만 년 동안 사람들은 자신의 정체성, 사회적 지위 등을 알리기 위해 피부를 캔버스로 사용해 왔다. 단순 페인팅은 물론, 문신과 피어싱 등 여러 가지 방법으로 피부를 변화시켜 왔고, 그 방법들은 현대 기술을 만나 거대 규모의 화장산업으로 발전했다. 특히 미백분야는 각국에서 눈부신 성장을 거듭하고 있다. 화장하는 사람들은 무엇 때문에 매일 돈을 쓰는 걸까? 현대인은 피부라는 캔버스에 어떤 자화상을 그려가고 있는 걸까? 신체자본이 되어버린 현대인의 피부를 경제학적인 시선으로 접근, 피부와 관련된 산업현황을 짚어보고, 그 바탕에 깔려 있는 권력에 대한 일그러진 욕망을 만나 본다.

3부 『피부는 권력의 옷이다 – 피부 권력』

다양한 피부색깔을 가진 사람들의 공동체 실험이자 장기간 밀착프로젝트인 〈대한민국 피부실험실〉을 통해 1.2부에서 살펴봤던 피부권력의 진실을 만나 본다. 어떻게 피부권력이 생겨나는지, 일상에서 미묘하게 나타나는 권력관계 등 피부권력의 실체가 벗겨질 것이다. 무엇보다 피부색깔이 생존을 위한 진화의 산물일 뿐이고, 그리 오래되지 않은 전통이며, 피부색에 집착하는 현대인의 강박관념이 대를 이어 학습된 이데올로기임을 비판한다. 더불어 피부색에 따른 인종 구별이 아닌 신 인종분포도를 그려야 할 시기가 왔음을 보여 준다.

기존 프로그램과 차별성 및 독창성

1. 세상에 없었던 내레이터! 화자의 톤에 캐릭터를 부여하다!

각 편별로 화자의 시점 자체를 '캐릭터화' 함으로써 특화 시킨다. 각 편 프롤로그에서 화자의 시점 및 소개가 임팩트 있게 소개되면서, 편별로 말하고자 하는 주제를 부각시킨다. 캐릭터화 된 화자의 톤을 잘 살릴 수 있는 배우나 전문성우를 기용한다.

1부 : "나는 권력자다!"
2부 : "나는 권력배달부다!"
3부 : "나는 피부다!"

1부 『우리는 가면을 쓰고 있다 – 피부 가면』 〈나는 권력자다〉

권력자의 입장에서 팩트 현장과 사례자를 바라보고, 소개하고, 설명하는 내레이션 톤은 색다른 재미를 안겨 줄 것이다. 피부권력을 얻기 위해 벌어지는 각국의 사례들을 '권력자'라는 '주관적 시선'에서 풀어가는 독특한 방식을 취한다.

☑ 내레이터 후보 : 유동근, 김영철, 유오성

2부 『피부에 그림을 그리다 – 피부 캔버스』 〈나는 권력배달부다〉

역사 이래로 권력의 생성 및 이동에는 늘 '권력배달부'가 있었다. 그는 관찰자이면서 실질적인 의미에서의 또 다른 권력자였다. 타투 헌터가 그랬고, 불교국가였던 신라시대 화장품을 만들던 승려들이 그랬다. 현대에 와서는 권력이 세분화 되면서 피부권력 분야에서는 피부과의사들처럼 단순히 기술을 행하는 이들과 피부권력을 얻도록 유도하는 화장품 산업이라는 거대한 시스템이 권력배달부라 할 수 있다. '권력배달부'의 내레이션 시점은 2부 '피부는 캔버스'라는 주제를 더욱 부각시키는 매개체가 될 것이다.

☑ 내레이터 후보 : 유해진, 정재영, 손현주

3부 『피부는 권력의 옷이다 – 피부 권력』 〈나는 피부다〉

피부권력 마지막 편. 화자는 사람이 아닌 '피부'라는 생명체다. 인체의 한

기관일 뿐인 피부에 욕망이 덧대어지면서 어떤 과정을 통해 피부권력이 단생하는지, 그리고 탄생 해왔는지를 살펴보는 3부에서는 '피부'의 시선을 통해 스토리텔링이 전개된다. 피부 자체가 가진 순수성과 객관성을 대변하는 내레이터를 기용한다.

☑ 내레이터 후보 : 김유정, 서신혜, 김향기

2. 다큐를 보는 신선한 시선, 시추에이션 다큐멘터리의 시초가 되다!

하나의 사건, 상황은 보는 시선에 따라 달라진다. 객관적인 진실은 어쩌면 서로 다른 입장의 의견을 보여주는 데서 출발할지도 모른다.

피부권력을 쫓는 사람들, 피부권력을 행사하는 사람들, 피부권력을 만들어주는 사람들의 입장 등 다양한 시선을 한 상황에서 보여준다면 보다 색다른 주제접근이 가능해질 것이다.

EX 미백원정 오는 사람들, 그리고 호화미백을 떠나는 의사들 상황에서, 같은 상황이지만 권력을 쫓는 이들, 그리고 피부에 권력을 만들어 주는 이들의 입장은 분명 다를 것이다. 이들의 시추에이션을 '입장 바꿔 보기'로 구성 및 촬영 후, 각자의 입장에서 본 시선으로 내레이션 한다.

3. 내레이션의 입체적 변화

각 부의 메인 내레이션 화자는 1부: 나는 권력자다! 2부: 나는 권력배달부다! 3부 : 나는 피부다! 이지만, 시추에이션 다큐구성의 팩트에서는 자연스럽게 화자변화를 시도한다. 마치 연극무대의 방백(aside)처럼 시청자에게 신선한 울림으로 전달될 것이다.

4. 1~3편을 관통하는 실험에필로그

남의 나라 피부이야기를 하고 싶지 않다. 2015년을 살아가는 대한민국의 시청자과 세계인이 직접 체험하고 경험하는, 그래서 내일을 살 때 피부권력에 얽매이지 않은 삶을 살아가길 원한다.
각 편마다 물음표를 던질 수 있는 실험에필로그를 배치한다.

EX **1부** 《실험에필로그》 피부가면을 대하는 당신의 속내
같은 사람인데 피부색이 다르다면?
가무잡잡한 피부였을 때, 하얀 피부였을 때 대하는 사람들의 반응은?
한 사람의 피부톤을 make-over 해서 등장했을 때 친구, 가족들의 반응

2부 《실험에필로그》 피부색을 바꿔 드립니다.
가상의 샵에서 피부색을 바꾼 후 사례자의 생활 밀착 촬영
피부색 변화에 대한 호기심으로 시작된 선택실험, 그리고 가장 솔직한 이야기
1부가 사람들의 '반응'에 주목했다면,
2부는 참가자 본인의 생활 및 심리 '변화'에 주목한다.

3부 《대한민국 피부실험실》
외딴 섬처럼 일정한 공간을 설정하여, 흑, 백, 황색의 각기 다른 피부색을 가진 사람들의 일상생활을 밀착촬영함으로써 이들 사이에 나타나는 권력 관계를 밝혀본다.

(*메인실험으로 전략적으로 전반부와 후반부에 배치)

5. 장기간 실험 프로젝트로 프로그램의 설득력 담보

국내외 전문가들의 자문을 바탕으로 이뤄지는 '피부권력'과 관련된 밀착 실험 프로젝트들은 피부를 통해 지배이데올로기가 어떻게 우리 일상에 영향을 끼치고 있는지 극명하게 보여줄 것이다.
일정한 공간 안에서 벌어지는 서로 다른 피부색을 가진 사람들의 이야기.
피부권력이 머나먼 역사 속의 이야기가 아닌, 현재 동시대를 살아가는 우리 지구촌 사람들의 이야기임을 설득력 있게 보여줄 것이다.

6. 몰입도 높은 연극무대 스타일의 재연

피부권력이 생겨난 역사, 과거 피부에 집착했던 사례 등을 영상화 할 때, 포인트가 간결 명료하게 전달되는 연극무대 스타일 재연촬영에 크로마키 촬영을 적절히 믹스, 프로그램에 재미와 집중도를 높인다.

7. 피부권력의 흔적을 따라, 5대륙 10개국 해외 로케이션

글로벌 시대 다양한 피부색을 가진 각국의 사람들은 피부에 대해 어떤 생각을 가지고 살아갈까? 인종문제를 떠나 얼마나 많은 사람들이 자연인으로써 피

부를 대하며 살아가고 있을까? 피부권력에 대해 자유로운 사람은 있을까? 본 프로그램은 5대륙 10개국 해외 로케이션 촬영을 통해 다양한 사람들의 피부이야기를 만나보고, 그동안 그 누구도 본격적으로 논하지 않았던 '피부'와 '권력'의 상관관계를 밝힌다.

프로그램 구성

1부 : 우리는 가면을 쓰고 있다 – 피부 가면

우리는 모두 '피부'라는 가면을 쓰고 있다. 수많은 피부가면 중에서 전 세계인이 가장 선호하는 가면은 '하얀 피부가면'. 왜일까? 우리는 왜 피부색깔에 집착하는 걸까? 부지불식간 하얀 피부를 선호하는 우리는, 무의식 혹은 의식적으로 어떤 권력을 소유하고자 하는 욕망을 갖고 있는 것은 아닐까. 일상 속에서 나타나는 피부가면의 실체를 만나본다.

동남아시아의 백색피부 열망

진짜 부자가 많다는 '슈퍼리치'의 나라, 인도네시아에서는 밝고 하얀 피부를 가진 사람이 매력적이고 '바람직 한 것'이며, 하얀 피부야말로 성공한 자의 표식으로 여겨지고 있다. 태국에선 피부가 하얀 정도에 따라 사회적 시선이 달라지고, 얼굴이 흴수록 사회적, 경제적 지위가 높다는 통념이 일반화 되어 있다. 태국계 미국인 한류스타 닉쿤은 하얀 피부 덕에 태국 현지에서 최고의 인기를 구가하고 있는데, 팬을 넘어 추종 세력을 만들 정도로 선망의 대상이 되고 있다. 그를 대하는 태국 사람들의 태도는 현대판 권력자를 보는 듯하다. 인도네시아의 경제력을 갖춘 부호집의 여인들(자카르타의 부자여인 섭외. 강원대 문화인류학과 김형준 교수 자문)은 외출 시 더운 날씨에도 불구하고 햇빛에 노출되지 않기 위해 온갖 진풍경을 펼치고, 입소문 난 미백서비스업소 주위는 교통을 마비시킬 정도라고 한다. 심지어 밝은 피부색을 가진 외국인과의 혼인은 '자손을 흰 피부를 갖도록 개량한다'는 측면에서 선호되기까지 한다.

권력을 위해 '미백원정'을 오는 사람들,
그리고 1% 상류층으로 위한 '호화미백' 출장 떠나는 의사들

인도네시아, 필리핀, 중국 사람들의 한국행 미백원정은 날로 확대되고 있다. 오로지 하얀 피부를 얻기 위해 한국을 찾는 사람들. 이런 동남아 사람들의 하얀 피부에 대한 열망은 한국 피부과 의사들의 초청으로까지 이어지고 있다. 상하이 역시 하얀 피부 열풍이 불고 있는 곳. 상하이 상류층 여성들은 하얀 피부를 만들기 위해 한국의 피부과 의사들을 초청한다. 오로지 1% 상류층만 누릴 수 있는 특권이다. 얼마나 호화판이길래, 숨겨진 그들의 욕망이 공개된다.

시추에이션 다큐멘터리 구성 도입팩트
하나의 사건, 상황은 보는 시선에 따라 달라진다. 미백원정 오는 사람들, 그리고 호화미백을 떠나는 의사들 상황에서, 같은 상황이지만 권력을 쫓는 이들, 그리고 권력을 피부에 만들어 주는 이들의 입장은 분명 다를 것이다. 이들의 시추에이션을 '입장 바꿔 보기'로 구성 및 촬영 후, 각자의 입장에서 본 시선으로 내레이션 한다. 피부권력에 대한 진실은 그곳에서 자연스럽게 드러날 것이다.

헐리웃 스타와 한국 스타들의 흰 피부에 대한 욕망

현대인의 닮고 싶은 모방대상 1위는 단연코 연예인. 그런데 선망의 대상이 된 국내외 스타들은 남녀를 막론하고 뽀얗고 하얀 피부에 목숨을 걸고 있다고 해도 과언이 아니다. 그들에게 피부는 상상초월의 돈과 열정을 바치는 '대상'이 되었다. 종교 이상으로 맹목적이 되어버린 피부 뒤에 숨겨진 그들의 욕망은 무엇일까. 헐리웃 스타와 함께 국내 '꿀피부'의 대명사가 된 고현정, 김혜수의 베일에 쌓여 있는 피부관리 라이프! 솔직한 그들의 피부에 대한 속내를 들어본다.

그들은 왜 하얀 피부를 원했는가 ① [이집트-권력상징]

하얀 피부에 대한 열망은 과거에도 있었다. 수천년의 세월을 거슬러 현대 여

성들에게까지 영향을 끼치고 있는 클레오파트라의 미백기술(맥주, 우유 등)은 유명한 사례. 당시 이집트에서는 하얀 피부를 아름답다고 여겼는데, 지배자로써 권력유지를 해야 했던 그녀에게 하얀 피부는 필수조건이었다. 하지만 클레오파트라는 페르시아 피가 섞인 셀레우코스 왕조에서 시집 온 할머니의 영향으로 피부가 약간 검은 편이었다. 그런 그녀를 좀 더 희게 만드는 미백기술은 그리 미인형이 아니었던 그녀를 지배자로써 돋보이게 만들었다.

그들은 왜 하얀 피부를 원했는가 ② [한국-특정집단의 표식, 집단결속]
한국 역시 하얀 피부의 역사를 가지고 있다. 특히 신라는 화장기술이 가장 발달한 시대. 신라 시대에는 아름다운 육체에 아름다운 정신이 깃든다는 '영육일치 사상'으로 미소년 집단이었던 '신라의 화랑'도 여성 못지않게 화장을 하고 귀걸이며 장신구들을 착용했다. 쌀 같은 곡식의 분말, 분꽃 씨앗의 가루, 조개껍데기 빻은 가루 등 백분의 사용으로 얼굴을 희게 해 결점을 감추었고, 홍화를 사용해 볼과 입술을 빨갛게 칠해 흰 얼굴을 더 강조했다. 그리고 목욕문화가 대중화되면서 피부미백을 위한 쌀겨목욕을 즐겼다고 한다.

죽음과 맞바꾼 하얀 피부
눈처럼 하얗고 티끌 한 점 없는 피부에 대한 여성들의 집착은 상식을 뛰어넘는다. 영국 엘리자베스 1세는 얼굴에 약 1.3CM나 되는 두께로 분을 칠했는데 납중독으로 피부에 농포와 균열이 생겼고 이를 감추기 위해 더욱 두껍게 얼굴을 분으로 칠하다가 결국 궁전 내 거울을 모두 없애버리기까지 했다. 17세기의 여자들은 송아지 육수로 목욕하기, 백합꽃 증류수 바르기, 외출 시 복면을 써서 얼굴 보호하기와 더불어 유독성 금속 산화물 덩어리인 분을 발라댔다. 수은, 납을 사용한 분을 사용한 여자들은 화장품이 위험하다는 것을 알면서도 '분칠'을 포기하지 않았다는 거다. 1760년에 납 중독으로 27세에 죽은 영국 코벤트리 백작 부인처럼 납가루와 비소를 섞은 분으로 유령처럼 창백한 화장을 고집하며 죽어가는 여성들이 속출했다.
19세기 낭만주의 시대에는 창백하고 수척한 외모와 사소한 충격에도 혼절하는 가련한 여성이 미인으로 추앙받았다. 때문에 여자들은 갸날픈 겉모습을 돋보이게 하기 위해 관자놀이와 목, 가슴, 어깨 부분에 푸른 핏줄을 그려 넣기까지 했다. 결핵 환자처럼 창백해 보이기 위해 벨라돈나 풀에서 추출한 마약을 먹거나 설치류의 분비물로 만든 미용 마스크, 젖먹이 아기의 소변으로 만든 로션과 신선한 인분의 증기를 쐰 헝겊 마스크 등을 사용했고 꿈꾸는 듯한 인상을 주기 위해 동공을 확장시키는 아트로핀을 복용했다.
그렇다면 왜 죽음을 불사하면서까지 하얀 피부에 대해 집착한 걸까? 〈치장의 역사〉 저자 베아트리스 퐁타넬은 예부터 하얀 피부는 일을 하지 않는 높은 신분의 여성을 상징하는 것이라고 지적한다. 햇빛 한 번 보지 않은 듯한 피부는 노동과는 거리가 먼 고귀함과 유복함을 상징한다는 거다.

《실험에필로그》 피부가면을 대하는 당신의 속내

시간과 공간을 초월해 '하얀 피부'라는 가면을 열망했던 사람들. 하얀 피부라면 대접이 얼마나 달라지길래? 하얀 피부를 대하는 우리들의 진짜 속내를 만나 보자.

* 실험 : 1. 같은 사람인데 피부색이 다르다면? 한 사람의 피부톤을 make-over 해서 가무잡잡한 피부였을 때, 하얀 피부였을 때 대하는 사람들의 반응은?
  2. 위 사람을 애인으로 가장, 깜짝 공개를 했을 때 친구, 가족들의 현장 반응과 사후 인터뷰를 통한 진짜 속내 이야기

2부 : 피부에 그림을 그리다 – 피부 캔버스

수만 년 동안 사람들은 자신의 정체성, 사회적 지위 등을 알리기 위해 피부를 캔버스로 사용해 왔다. 단순 페인팅은 물론, 문신과 피어싱 등 여러 가지 방법으로 피부를 변화시켜 왔고, 그 방법들은 현대 기술을 만나 거대 규모의 화장산업으로 발전했다. 특히 미백분야는 각국에서 눈부신 성장을 거듭하고 있다. 화장하는 사람들은 무엇 때문에 매일 돈을 쓰는 걸까? 현대인은 피부라는 캔버스에 어떤 자화상을 그려가고 있는 걸까? 신체자본이 되어버린 현대인의 피부를 경제학적인 시선으로 접근, 피부와 관련된 산업현황을 짚어보고, 그 바탕에 깔려 있는 권력에 대한 일그러진 욕망을 만나 본다.

아프리카, 하얀 피부에 대한 열망

아프리카의 세네갈, 피부를 하얗게 만들기 위한 광풍의 후유증으로 여성들이 피부부작용을 겪고 있다. 10년 넘게 미백크림을 발라온 여성들은 '퇴자

병'이라고 불리는 피부변색 부작용을 겪고 있는데, 아프리카에서조차 하얀 피부를 선호하는 일그러진 욕망이 문제가 되고 있다. 아프리카 미디어조차 미백을 조장하는 분위기.

권력의 상징, 화장

인류 최초의 화장은 주술적 의미가 강했다. 질병이나 마귀로부터 보호하기 위한 방편이거나 신분과 종족의 구분을 위해서도 화장을 했다. 아프리카에서 오래 전 피부에 화장, 문신 등의 '표식'을 하는 '타투 헌터' 같은 이들은 부족 최고의 '권력자'였고, 족장 등 권력자들은 화장법을 적절히 활용해 권력 상징의 방편으로 삼아 왔다. 아프리카 뿐만 아니라 '아름다움'을 위한 최초의 화장이 시작됐던 이집트, 그리고 남녀모두가 뽀얗고 하얀 피부를 위해 화장을 했던 그리스, 로마 시대까지… 화장을 하는 이들의 목적에는 하나같이 부유함과 사회적 지위를 표현하고 신분상승을 꾀하는 욕망이 숨어 있었다.

피부캔버스에 권력을 새기다. 문신, 피어싱

미백이라는 화장과 함께 발달해 온 문신과 피어싱. 인류 역사 초기의 문신과 피어싱은 집단, 계급 등을 표현하는 주요수단이었고, 전 세계적으로도 그 전통이 남아 있는 곳이 많다. 화장과 달리 영구적이면서 '타투'를 행하는 자, 받는 자 모두 권력계층이었다. 현대에 와서 개성표현의 수단인 문신과 피어싱은 오랜 세월 권력의 산물이었던 것이다.

승려, 화장품을 만들다!

화장이 권력의 산물임을 말해주는 증거가 국내 역사에도 남아 있다. 신라는 화장 기술과 화장품 제조기술이 우수할 뿐만 아니라 강력한 불교국가였다. 그래서 신라에서 화장품을 만드는 기술자 중에는 승려가 많았다. 화장이 권력층과 교집합이 되는 부분이다. 692년에 한 승려가 일본에서 납중독을 유발하는 백분 대신 연분을 만들어 주고 상을 받은 일이 있는데 이는 당시 신라의 화장품 제조기술이 일본보다 앞섰다는 사실을 의미하기도 하지만, 7세기경에 신라에서 이미 연분을 만들었다는 것은 세계화장품 발달사에 유례없는 대발명이다. 국가적인 지원과 장려가 있었기에 가능한 일이 아니었을까? 뿐만 아니라 일본의 사서(史書) 및 《삼재도회》에 일본이 백제로부터 화장품 제조기술과 화장법을 배워 갔다는 기록이 남아있고, 조선시대 의인소설인 《여용국전》에서는 여성의 화장을 국가정치에 비유하여 권장하고 있다. 경제와 정치 사이에서 발달해 온 욕망의 흔적을 되짚어 본다.

현대인의 피부, 신체자본이 되다.

과거 권력을 행사했던 타투 헌터나 부족장들은 사라졌지만, 피부에 권력을 표현했던 그 욕망들은 현대에도 남아, 피부과, 성형외과, 피부관리실 등에서 보다 하얗게 만들려는 시도들은 끊이지 않고 있다. 현대인에게 하얗고 뽀얀 피부는 인종과 남녀를 불문하고 선망의 대상이다. 단지 외모지상주의라는 말로 표현하기에는 역부족인 욕망이다. 취업을 하기 위해, 결혼을 하기 위해, 신분 상승을 위해 하얀 피부를 가지려 한다. 한 사례자의 경우를 예로 들어 피부권력유지를 위해 얼마나 많은 돈을 퍼붓고 있는지, 돈을 들여 얻고 싶은 '자화상'은 무엇인지 알아본다.

나도 백인이 되고 싶다! 백인 피부남 박대세의 꿈

하얀 피부를 갖기 위해 6년 간 2억 원의 돈을 투자하며 하얀 피부를 갖게 된 박대세씨. 전신 미백레이저, 수분 앰플액 주사, 비타민 링겔이 포함된 미백 패키지. 웬만한 여성들조차 엄두가 안 나는 피부관리는 물론, 클레오파트라 미백비법, 2시간 씩 공을 들여 하는 3단계 피부관리법, 비누도 중국의 미인 서시가 썼다는 서시옥용산 비누 사용 등 어린 시절 까무잡잡했던 그가 하얀 피부를 갖기 위해 청춘을 바치고 있는 이유는 무엇일까?

피부미백의 메카, 한국의 화장품 산업

한국 관광을 오는 이들의 쇼핑 목록 1위 화장품. 그중 미백화장품은 필수품목이다. '한국 화장품 원정대'라는 말이 생겨날 정도로 전 세계가 한국화장품에 주목하고 있다. 북미 지역에서 주목받고 있는 한국화장품. 작년 한해 이베이에서 가장 많이 팔린 제품은 한국화장품이다. 제시카 알바, 시에나 밀러 등 헐리웃 스타들 중에도 한국화장품 마니아들이 생겨나고 있다. 하얀 피부의 백인들을 단골로 만든 한국 화장품 마케팅의 뒷이야기를 만나 보자. 미국과 캐나다 등지에서는 교포나 동양인 타깃이 아닌 미국 중상층이 선호하는 고급 유통채널을 뚫어 단골들을 확보했고, 천연 · 한방 화장품, 아토피나

건선 피부에 좋은 기능성 화장품으로 인지도를 높이며 유기농 화장품 시장 공략에 성공했다. 덕분에 2257억 달러 전 세계 화장품 시장에서 우리나라는 63억400만 달러로 11위를 기록했으며 세계 100대 브랜드에 3개를 올렸다. 한국 화장품의 현주소 및 세계 사람들이 피부라는 캔버스를 하얗게 만들기 위해 얼마나 많은 경제적 투자를 하는지 빅데이터와 경제연구소의 자료 및 통계를 바탕으로 짚어본다.

 # 대세로 떠오른 CC크림과 BB크림… 미백에 대한 열망

피부색이 짙은 나라에서 미백화장품은 전체 화장품 판매액에서 가장 큰 비중을 차지한다. 전 세계 뷰티업계를 뒤흔든 BB크림의 열풍이 CC(Color Correction)크림으로 이어지고 있다. 피부착색은 물론이고 잡티마저 감춰주고 자연스러운 광채효과를 낸다는 글로벌 브랜드 CC크림의 최초 개발자는 한국인이다. 피현정 뷰티 디렉터. 그녀는 기업들과 협업을 통해 자신의 아이디어를 제품화 한 것인데, 최근엔 한국 최초로 뷰티와 드라마의 협업에 한창이다. 드라마를 통해 이미지가 공개되고, 제품이 나오는데, 한류스타의 하얗고 깨끗한 피부가 어느새 동경의 대상이 된 것이다. 대체 피부미백에 대한 열망은 어디까지 진화할 것인가.

 # 화장품 마케팅의 불편한 진실

TV를 틀면 쏟아지는 화장품 광고들. 화장품을 바르면 마치 연예인들의 연출된 쌩얼처럼 진짜 명품 피부가 될 것처럼 떠든다. 그리고는 '피부는 권력'이라는 카피를 공공연하게 내세운다. 드라마에선 현실은 지루하지만 피부와 외모를 잘 가꿔 청담동 며느리로 신분상승을 꾀할 수도 있다고 한다. 예쁘게 보이고 싶은 본능을 넘어 무의식 중에 '하얀 피부'가 곧 신분과 권력을 상징하는 '필수조건'이 돼가고 있는 것은 아닐까.

 # VVIP들만의 사교클럽, 루비족의 비밀스런 피부이야기

아름다운 40-50대를 일컫는 신조어 '루비족 (RUBY)'. 루비족이란 상쾌한(Refresh), 평범하지 않은(Uncommon), 아름다운(Beauty), 젊은(Young) 이란 말의 첫 글자를 따 만든 신조어인데, 대부분 미를 탐하는 중년여성들이다. 이들만의 사교모임에서 하얗고 어려 보이는 피부는 돈을 주고서라도 만들고픈

'목표'이기도 하다. 대체 그런 피부를 가지려면 얼마나 많은 돈을 써야 하나요? 그들만의 비밀스런 피부이야기가 공개된다.

남자, 신체자본을 탐하다! 그루밍족

피부라는 캔버스에 남자들이 주목하고 있다. 화장하는 남자들은 역사 속에도 있었지만 최근 화장하는 남자들의 유행은 과거의 화장과는 사뭇 다르다. 외모에 신경 쓰는 그루밍족들은 한동안 여성들의 전유물이었던 피부미백에 신경쓰기 시작했고, 한국 남성화장품 판매순위가 세계1위를 달성하는 기염을 토했다. 왜 그루밍족이 생겨나고 있을까? 남성들도 신체자본(외모)을 지녀야 성공할 수 있다고 생각하기 때문이다. 멋진 외모 후광에 피부는 단연 1순위. 피부 미백이라는 신체자본을 갖고자 하는 그루밍족의 일상을 통해 과거 구릿빛 피부가 경쟁력이었던 시대에서 하얀 피부의 남자들이 선호되는 시대상을 읽어본다.

《실험에필로그》 피부색을 바꿔 드립니다.

(2007년 프랑스 방송 카날 플러스에서 방영한 '흑인의 피부 속에서'라는 다큐멘터리에서는 백인을 흑인처럼, 흑인을 백인처럼 메이크업 한 후, 6개월간 서로 다른 인종으로 생활하는 체험을 소개하고 있다) 한국에서 시도하는 메이크업을 통한 피부색 변화! 그리고 사람들의 반응은? 그리고 짧지만 어떤 삶을 살게 될까? 피부색에 대한 솔직한 이야기가 공개된다.

* 실험 : 1. 가상의 샵을 만들고 무료로 피부색을 바꿔주는 서비스를 제공한다.
2. 단순 뽀얀 피부가 아닌 전체적으로 피부색을 바꾸는 과감한 시도
3. 실험에 응한 사례자 중 4사람의 케이스를 팔로우 촬영
4. 과연 그는 어떤 경험들을 하게 될까?

3부 : 피부는 권력의 옷이다 – 피부 권력

1.2부에서 살펴봤던 피부권력의 진실을 만나 본다. 다양한 피부색깔을 가진 사람들의 공동체 실험을 통해 피부권력의 실체가 벗겨지는 장기간 밀착 프로젝트를 실시한다. 무엇보다 피부색깔이 생존을 위한 진화의 산물일 뿐이고, 피부색에 집착하는

현대인의 강박관념이 대를 이어 학습된 이데올로기임을 비판한다. 더불어 피부색에 따른 인종 구별이 아닌 신 인종분포도를 그려야 할 시기가 왔음을 보여 준다.

나는 흑인입니다! 블랙 라이크 미 실험

1950년대 스스로 피부에 색소를 주입해 피부색을 바꾸고 흑인이 되어 살아간 존 하워드 그리핀의 실험. 생명을 걸고 흑인 차별대우가 극심했던 딥사우스 지역을 여행했던 그의 실험은 피부 자체가 권력임을 실증적으로 보여 주는 사례다.

피부색이 다른 쌍둥이의 비애

다인종국가 브라질. 피부색에 의한 판단이 얼마나 어처구니없는 결과를 가져오는지 보여주는 사례가 있다. 알렉스와 앨런은 일란성 쌍둥이다. 브라질에서는 흔하게 볼 수 있는 아프리카 흑인과 포르투갈 혼혈이다. 함께 대학 지원서를 냈는데, 한 명은 백인이고 한명은 흑인이라는 대학측의 판단을 받았다.

또 다른 피부권력, 흑인우월주의

남아프리카 공화국에서는 백인이 차별을 받는다. 2003년 흑인우대정책 시행 후, 학교, 기업 등지에서 흑인이 우대받는 하나의 '현상'을 만들어 냈고, 경제적 지원으로 인해 흑인 신흥부자들이 넘쳐나고 있다. 이 역시 피부색을 바탕으로 한 불공평한 차별현상인 셈이다.

《대한민국 피부실험실》

대체 피부색을 대하는 우리의 의식에는 무엇이 자리 잡고 있길래 그런 걸까? 어느 외딴 섬에서의 공동체실험 (SBS '나도 완장을 차고 싶다', '짝' 처럼) 일정한 공간을 설정하여, 흑, 백, 황색의 각기 다른 피부색을 가진 사람들의 일상생활을 밀착촬영함으로써 이들 사이에 나타나는 권력관계를 밝혀본다.

- 과연 피부색에 따라 권력이 형성될까?
- 백인 후광효과가 나타날까? 피부색에 따른 첫인상, 그리고 마지막 인상의 변화상
- 친밀도에 피부색이 영향을 줄까?
- 권력이 형성됨에 따라 달라지는 태도변화 등

  * 촬영내용에 따라 3부 곳곳에 전략적으로 배치, 구성한다.

피부색지도를 아십니까? 피부진화론

그렇다면 인간의 피부색은 왜 서로 다른 걸까? 이 간단한 질문에 답하기 위해 수십년간 피부연구를 해온 미 펜실베니아 주립대 인류학과 니나 자블론스키 박사는 300만 년 이상에 걸친 피부진화의 역사를 연구했다. 그녀의 결론은 생존을 위한 진화였다. 인류의 시작지인 아프리카. 케냐의 투르카나 소년 미라를 통해 밝혀진 많은 연구가들의 결론에 의하면, 초기 인류의 피부색은 지금의 흑인보다 더 옅었다. 강렬한 햇빛에 살아남기 위해 검어진 것. 인류가 이동하면서 북부에서 옅은 피부가 발달한 건 햇빛 속에서 자외선을 받아 들여 생존에 필요한 비타민D를 받아들이기 위해서였고, 검은 피부는 자외선으로 인한 피해를 막기 위해서였다고 한다. 1400년 경 이탈리아 비아수티가 최초로 발품 팔아 만든 피부색 지도는 놀랍게도 NASA가 만든 자외선지수 지도와 90% 이상 일치한다. 피부 속에 존재하는 멜라닌이라는 색소의 종류와 양이 피부 색깔을 결정하는데, 결론적으로 자외선이 인간의 피부색 진화에 중요한 역할을 한 것이다. 실제 자외선 양이 많은 동아프리카의 흑인이 더 검고, 서아프리카의 흑인은 옅은 검은색이다.

피부색, 오래 되지 않은 전통

우리는 언제부터 하얀 피부를 우월하다고 생각하면서 집착해 왔을까? 이집트에서 권력자는 알려졌다시피 검은 파라오였다. 그리고 하얀 피부의 백인 노예도 흔했다. 비록 하얀 피부를 선호하긴 했어도 피부색 구별이 없었던 고대 그리스, 로마 문명에서도 피부색으로 인종을 나누고 차별하진 않았다. 피부색에 권력구조가 공고해진 건 1600년대 식민지시대부터였다. 유럽인이 힘으로 아프리카를 식민화하면서 검은 피부는 부끄러워도 감정이 겉으로 드러나지 않는다며 도덕성 결여로 간주됐고, 검은 피부의 노예들이 하등인간으로 비하되었던 것이다. 이처럼 왜곡된 논리에 의한 피부색의 차별은 현재까지 대물림되어 피부가면의 이데올로기로 고착되었다.

검은 피부, 선망의 대상이 되다.

태생적 검은 피부가 아닌, 그을린 피부가 유행을 타고 상류층의 특권으로 자리 잡은 적도 있다. 1950-60년대 북반구 하얀 피부 국가의 실내 노동자들에게서 그을린 피부에 대한 호감도가 급상승하면서 "휴일에는 선탠을"이라는 구호가 터져 나오기 시작했다. 찬란한 햇빛 아래서 휴가 기간 동안 선탠으로 만들어진 그을린 피부는 부유함의 상징이 되었다. 하지만 지역별 피부색은 그 지역에 가장 적합한 정도의 색깔로 진화했기 때문에 과도한 햇빛과 자외선은 피부암을 일으키는 원인이 된다. 인공적인 피부색 변화의 부작용인 셈이다.

하얀 피부, 황금 피부의 진실

지금도 세계 곳곳에서 피부색이 짙은 사람들은 피부색을 연하게 할 방법을 찾고 있으며 옅은 사람들은 반대로 짙게 하는 유행을 따르고 있다. 그 모순된 열망이 지역에 맞는, 개인에 맞는 건강한 피부가 아닌, 보다 옅은 피부, 즉 하얀 피부색에 집착하고 있다. 그런데 놀랍게도 과학계가 밝혀낸 피부색에 대한 또 다른 진실은 하얀 피부는 검은 피부의 '돌연변이'라는 사실이다. 미 펜실베니아 주립대학교 의과대학의 키이스 첑 교수는 최근 그 사실을 밝혀냈다. 과학계에선 이미 인종이라는 단어가 사라졌다. 피부색에 의한 인종구분이 더 이상 무의미하기 때문이다. 실제 미국에서는 몇 년 사이 흑인부모에게서 백인아기가 태어나는 사례가 종종 일어나고 있다. 과학계는 부모의 조상 중에 백인이 있었다는 사실에 주목하고 있다. 물론 이는 그 반대의 경우도 가능함을 말해준다.

피부권력의 전복

하얀 피부가 우월하고 검은 피부가 열등하다는 이데올로기가 반전되는 사례를 만나보자.

@ '러시아의 검은 별'이라 불리는 간니발 장군

푸시킨의 외종부다. 에티오피아 출신이지만, 러시아제국의 황제 표트르1세가 입양한 이로 파리유학을 통해 10개 국어 이상을 구사하며 능력을 인정받았고, 전쟁에서 공을 세워 러시아를 지킨 이로 현재까지도 추앙받고 있다.

@ 백인 안의 이방인 White trash

1800년대 남부 부잣집의 백인 노예를 흑인들이 부르던 별명인 white trash가 굳어져 교육받지 못하고 가난한 백인들을 가리키는 단어다. 화이트 트래쉬의 전형적인 삶을 살았지만 긍정적 시선을 받는 애미넴과

화이트 트래쉬이면서 여전히 경멸받는 패리스 힐튼, 이들을 바라보는 불편한 시선의 진실은 무엇일까.

@ 블랙파워

검은 피부라야 대접받는 분야가 있다. 흑인이 가장 많은 업적을 이룩한 음악계다. 록앤롤, 재즈, 블루스, 펑크 등 전 세계 음악계에서 흑인과 유색인종을 뺀다면 남는 것이 없을 정도이다. 음악계에서만큼은 짙은 색의 피부가 긍정적 파워를 이어가고 있다.

새롭게 쓰는 인종분포도

다양한 시기에 이주해 온 각기 다른 조상과 전통을 가진 사람들의 나라 브라질. 브라질 시민들에게 '당신의 피부색은 무엇입니까?'라는 질문을 던지면, 노란색, 담갈색, 순백색, 분홍장미색 등 무려 134가지 방식으로 자신의 피부색을 표현한다. 이처럼 피부색은 한 인간이 표현되는 '수단'에 불과할 뿐이다. 최근 피부색에 따른 인종의 특징들은 유전적 특징과 무관하고 따라서 유전적 특징에 따라 인종분류를 새롭게 하고 지구촌의 새로운 인종분포도를 그려야 한다는 주장들이 주목받고 있다. (생물학자 벤 아켈)

2015년 우리는 어쩌면 문화와 정신을 점령당하는 신식민주의의 국민을 자처하고 있는지도 모른다. 사람을 피부색으로 분류하려는 노력 혹은 시선은 국경이 없는 새로운 형태의 제국주의에서 당신을, 다른 사람들을, 그리고 우리를 옭아매고 있는 것은 아닐까!

《실험에필로그》 대한민국 피부실험실, 그 후…

서로 다른 피부색을 가진 이들의 장기간 공동체 생활 후, 마지막 그들이 얻은 권력관계의 결론은 무엇일까? 실험에 참가한 이들의 마지막 한마디를 들어본다.

전문가 리스트 INTERVIEWEE

니나 자블론스키 교수, 인류학과, 펜실베니아 주립대학교 (피부색 진화연구 권위자)
제임스 클리버 교수, 미국피부과학회 (자외선과 피부진화 관계 분석)
피터 프로스트 교수, 인류학과, 캐나다 라발대학
마이클 홀릭 교수, 생물물리학자, 보스턴 의과대학 (비타민D와 피부진화 상관성 연구)
조나단 리스 교수, 피부학과, 영국 에든버러 대학교
키이스 쳉 교수, 유전학자, 미 펜실베니아 주립대학교 의과대학
수자타 아이옌거 교수, 문화인류학과, 영국 피부색과 관련된 문화적 신화 탐구
애슐리 로빈스, 이탈리아, 문화인류학자 (피부색 지도)
칼 그로닝 박사, 인류학자, 프랑스, 국립인류학박물관 (화장과 문신 탐구)
조지 채플린 박사, 지리학자, 펜실베니아 주립대학교
릭 스텀 교수, 유전학자, 퀸즐랜드 대학교
벤 아켈 교수, 생물학자, (신 인종분포도 주장)
티라퐁 나타웃 교수, 문화심리학과, 태국 줄라롱컨국립대학교
박노자 교수, 오슬로 국립대학 한국학과
수잔 머콧 교수, 영국, 인류학과, 동양아프리카연구대학(SOAS)
제임스 해밀턴 공작, 러시아, 푸시킨의 후손
수잔 매클러리, 미국, 음악평론가
고현정, 한국, 배우
김혜수, 한국, 배우
우현증, 한국, 메이크업아티스트

그 외,
국내 역사학자, 문화심리학 교수
성형외과, 피부과 전문의
화장품 업계 마케팅 전문가 등

Chapter 2

방송 콘텐츠의 옷

여기에서는 방송 콘텐츠의 내용을 효과적으로 전달하기 위해 가장 적합한 표현방식은 무엇인지에 대해 알아본다. 같은 내용을 전달한다고 가정하더라도 어떤 콘텐츠의 옷을 입히느냐에 따라 결과는 사뭇 다르게 나타난다. 예를 들어 특정한 지역에 대한 여행 가이드 콘텐츠를 만든다고 할 때 이를 다큐멘터리로 할 것인지, 드라마로 할 것인지, 아니면 예능으로 할 것인지에 따라 그 결과에는 많은 차이가 있다. 모 방송사에서 방영하고 있는 '1박 2일'을 드라마나 다큐멘터리의 옷을 입혀 제작한다고 상상해보면 쉽게 알 수 있다. 이 장에서는 흔히 책자에서 찾아볼 수 있는 일반적인 정의 보다는 실제로 방송제작을 할 때 어떠한 표현 형식을 선택해야 가장 효과적인 메시지를 전달할 수 있을 것인가에 주안점을 두고 살펴보고자 한다. 다시 말해 방송제작자의 입장에서 방송 콘텐츠의 옷, 즉 방송의 표현 형식에 대해 알아본다.

01 드라마

드라마는 앞서 살펴본 것처럼 어떠한 인물이나 사건을 실제로 촬영할 수 없을 때 사용할 수 있는 표현 형식이다. 시간과 공간 등의 이유 때문에 실제의 것을 촬영할 수 없을 때 두 가지 방식으로 드라마적 표현을 할 수 있다. 하나는 실제의 것을 그대로 재연하는 것이고, 또 다른 하나는 실제의 것과 관계없이 상상력을 발휘해서 드라마를 만드는 것이다. 전자는 리얼리티 드라마 또는 드라마타이즈dramatize가 되고,

후자는 허구적으로 구성된 우리가 흔히 접하는 일반적인 드라마이다. 이처럼 드라마는 사실에 근거한 객관적인 콘텐츠를 직접적으로 제작할 수 없을 때 많이 사용되는 표현방식이다.

드라마는 사실과 허구가 섞여 인간의 본질을 탐구하는 표현장르이다. 사람들이 살아가는 이야기를 창의적인 스토리텔링을 통해 전달하는 소구력 높은 표현방식이다. 우리 주변에서 일어나는 다양한 삶의 이야기들을 주요 소재로 삼기 때문에 시청자들은 쉽게 몰입된다. 여타 다른 표현방식에 비해 영향력이 지대하기 때문에 당대의 사회문화 현상을 주도하는 파괴력 높은 콘텐츠의 옷이다. 드라마 한 편으로 방송사의 수입구조가 달라지고, 드라마 한 편으로 당대의 트렌드가 바뀐다.

시청률 높낮이에 따라 광고 조달 여부가 결정되기 때문에 방송사에서는 드라마 편성에 신중에 신중을 기한다. 주연배우, 작가, PD의 순으로 편성에 영향을 주게 되는데, 방송현장에서는 이병헌, 김태희 등의 빅 카드를 캐스팅하기 위해 소리 없는 전쟁을 치른다. 마찬가지로 김수현 등과 같은 스타작가와 수십억원대의 계약을 하고, 역량 있는 스타 PD를 모셔오기 위해 동분서주한다. 드라마 한 편이 그 해 방송사 살림살이를 결정하고, 그 해 방송사의 영향력을 좌지우지 한다.

문화적인 측면에서도 드라마는 패션과 미용, 음식, 인테리어 디자인과 건축물, 직업 등에 이르기 까지 큰 영향을 미친다. 히트한 드라마의 주연 배우의 의상과 액세서리는 동이 나 못 팔 지경에 이르기도 하고, 주요한 촬영 무대는 아무리 먼 오지에 있다 해도 꾸역꾸역 사람들이 모여드는 유명관광지가 된다. 이러한 현상은 국경을 넘어 전 세계로 전파돼 한류문화를 형성하기도 한다.

드라마의 종류는 다양한 기준에 의해 구분될 수 있다. 소재에 따라 역사 드라마, 과학드라마, 가정 드라마 등으로 나눌 수 있고, 장르에 따라 트렌디 드라마, 시트 콤, 시추에이션 드라마 등으로 구분되기도 한다. 드라마는 일반적으로 편성에 따라 구분되는데 단막극, 미니시리즈, 일일 드라마, 주말 드라마 등으로 나누어 볼 수 있다.

먼저 단막극은 1주일에 1회 방송되는 비교적 호흡이 짧은 드라마이다. 소재의 범위가 넓어 가정사에서부터 미스터리 물, 동성연애, SF에 이르기 까지 다양하다. 드라마 구성 형식에서도 실험적인 것이 많다. 액자 식 구성에서 옴니버스 식 구성, 영화적 반전 구성 등에 이르기까지 다양하면서도 파격적인 형식의 드라마가 가능하다. 연출은 드라마 PD로 갓 승격한 신참 PD가 주로 맡는다. 단막극을 통해 소재와 형식에서 실험적인 시도를 많이 경험해보고 자신의 연출력을 신장시킨다. 단막극 연출은 호흡이 긴 연작 시리즈 드라마 연출을 위한 입문 단계이기도 하다. 단막극을 통해 드라마 연출자로서 자신의 능력을 보여야 규모가 큰 드라마를 맡을 수 있기 때문이다.

미니 시리즈는 연작 시리즈의 드라마로 일주일에 두 번 정도 방송된다. 짧게는 8부작에서 길게는 36부작 이상으로 편성되기도 하는데 16부작이 일반적이다. 드라마의 소재는 당대의 가장 핫한 트렌드가 대부분이다. 커피문화를 반영한다거나 패션과 미용을 선도하기도 하고 젊은 세대의 정신세계를 다루기도 한다. 사회 문화적으로 영향력도 커서 주인공의 일거수일투족을 따라 하거나 드라마에 나온 공간이 관광지가 되고, 드라마 소품은 상품으로 팔리면서 품귀현상을 빚는 등 일종의 팬덤fandom을 일으키기도 한다. 트렌드 이외에도 역사적 사건을 새롭게 다룬다거나 등장인물과 의상, 과거의 공간을 퓨전fusion적으로 해석하여 감동과 해학을 전해주기도 한다. 미니 시리즈는 능력을 검증 받은 PD가 연출한다. 단막극 등을 통해 긴 호흡의 드라마를 세련되게 연출할 수 있는 능력을 안팎으로 인정받은 소위 잘나가는 PD가 연출을 맡게 된다. 방송사내의 인 하우스 PD 뿐 만 아니라 방송사 외부의 드라마 프로덕션 PD도 연출자가 될 수 있다. 요즈음은 스타 PD가 외주 제작을 하고 있기 때문에 사내의 PD 보다는 외주 PD를 선호하는 경향이 있다.

일일드라마는 월요일부터 금요일까지 매일 방송되는 드라마이다. 소재는 주로 가정에서 일어나는 일상사를 다룬다. 집안간의 결혼문제나 고부갈등, 시누이나 동서간의 문제, 자식에 관한 이야기 등이 단골 아이템이다. 시청자들의 일상적인 삶과 밀착되어 있기 때문에 흡입력이 높아 습관적 시청이 이루어지는 드라마이다. 일일 드라마는 대개의 경우 부장급 정도의 베테랑 PD와 승격한지 얼마 되지 않은 PD가 한 조가 되어 제작한다. 선임 PD는 대체로 스튜디오 촬영을 맡고 후임 PD는 야외촬영을 전담한다. 일일드라마의 특성상 방송분량이 방대하기 때문에 이처럼 2명의 PD가 나누어 촬영하며 일반적으로 스튜디오에서의 촬영이 많은 편이다.

주말 드라마는 말 그대로 토, 일 이틀 동안 방송 되는 드라마이다. 주요 소재는 일일 드라마의 가정사를 중심으로 한 스토리와 미니 시리즈의 트렌드를 반영한 이야기들, 그리고 가끔씩 단막극의 임팩트 강한 실험적인 소재들이 혼재 되어 나타난다. 주말 드라마는 일일 드라마 보다는 미니 시리즈 형태에 가깝지만 시청자들은 일일 드라마를 주로 시청하는 중장년층들이다. 따라서 젊은 층에 소구하는 내용보다는 가족이 볼 수 있는 내용들이 대부분이다. 제작 PD는 일일드라마와 주말 드라마를 연출한 경험이 있는 PD들로 이루어지며 1인 또는 2인이 연출하기도 한다.

다음은 드라마 대본의 실제 예를 제시한 것이다.

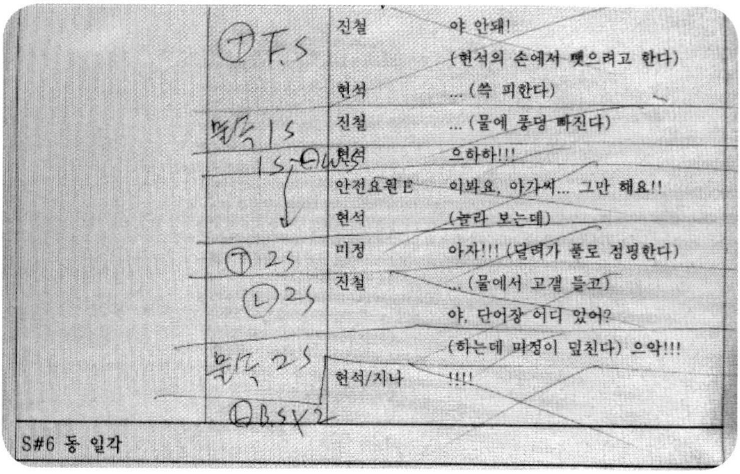

	진철	야 안돼!
		(현석의 손에서 뺏으려고 한다)
	현석	...(쓱 피한다)
	진철	...(물에 풍덩 빠진다)
	현석	으하하!!!
	안전요원E	이봐요, 아가씨... 그만 해요!!
	현석	(놀라 보는데)
	미정	아자!!! (달려가 풀로 점핑한다)
	진철	...(물에서 고갤 들고)
		야, 단어장 어디 있어?
		(하는데 미정이 덮친다) 으악!!!
	현석/지나	!!!!

S#6 동 일각

출처: EBS 학교이야기 '여름나기'

02 다큐멘터리

다큐멘터리는 누구나 쉽게 제작할 수 있는 방송장르이다. 기존의 방송사에 속해 있는 전문 제작자와 그렇지 못한 아마추어 제작자 모두에게 친숙한 방송 표현 형식이다. 말하고자 하는 것이 있으면 카메라를 들고 누구나 제작할 수 있는 방송 콘텐츠의 옷이다. 혼자서 필드에 나가 취재하고 촬영해서 방송사나 유튜브 등 다양한 방송 윈도우를 통해 자신의 이야기를 전할 수 있다.

그러나 다큐멘터리 제작은 생각만큼 쉬운 것이 아니다. 누구나 쉽게 제작할 수 있지만 그만큼 새로운 아이템을 발굴하기가 힘들다. 많은 제작자들이 여러가지 소재를 가지고 제작했기 때문에 그 틈새에서 새로운 소재를 찾아내기가 쉽지 않은 것이다. 지금까지 보지 못한 아이템을 찾아 새로운 이야기를 한다는 것이 그리 녹녹한 일이 아니다. 방송사에서는 새로운 아이템을 찾기 위해 기획 과정을 짧게는 수개월에서 길게는 수년간을 보내기도 한다. 다큐멘터리 팀의 사무실을 가보면 회의실 마다 기획회의를 하느라 골머리를 앓고 있는 PD나 작가들을 쉽게 볼 수 있다. 새로운 아이템을 찾았다고 해도 아이템의 신뢰성을 높여주는 전문가를 섭외하기가 쉽지 않고, 시청자의 눈길을 사로잡을 수 있는 촬영 로케이션을 결정하는 것도 만만치 않다. 또한 다큐멘터리의 품격을 높여주는 다양한 촬영기술 개발에 많은 고민을 해야 하고 후반 작업에도 온 힘을 쏟아야 한다.

일반적으로 다큐멘터리는 사실을 있는 그대로 담아내어 진실을 추구하는 방송형식이다. '사실을 있는 그대로 담아낸다.'는 것은 최대한 연출을 자제하고 출연자나 대상물을 자연스럽게 촬영하여 왜곡하지 않는 것을 말한다. 출연자의 행위나 말을 연출자의 편의에 맞게 걸러내지 않고, 또한 촬영 대상물을 이동하거나 변형하지 않고 원래의 날것 그대로 영상으로 담아내어 진실을 방송하는 것이 다큐멘터리이다.

다큐멘터리의 종류는 제작 방법에 따라 정통 다큐멘터리, 페이크fake 다큐멘터리, 재연 다큐멘터리, 혼종hybrid 다큐멘터리 등으로 구분될 수 있다. 정통 다큐는 흔히 볼 수 있는 일반적인 다큐멘터리를 말하고, 페이크 다큐는 실제가 아닌 것을 실제인 것처럼 연출하여 제작한 다큐멘터리이다. 재연 다큐는 과거의 인물이나 사건을 현시점에서 다시 재연해서 제작한 다큐멘터리이며, 혼종 다큐는 다큐멘터리의 기본 뼈대를 유지하면서 드라마적 요소나, 연극적인 요소, 뮤지컬적인 요소 등과 같은 다른 장르의 특성들이 결합되어 만들어진 다큐멘터리를 말한다. 이외에도 아이템의 영역에 따라 역사 다큐, 과학 다큐, 자연 다큐, 인간 다큐, 시사 다큐 등으로 나누어지기도 한다.

방송사별로 다큐멘터리의 성격과 색깔이 다르게 나타나기도 한다. 명확하게 구분되어지는 것은 아니지만 방송사의 조직 강령과 법적 형태 등에 따라 조금씩 차이가 있다. 거칠게 구분하자면 KBS 다큐멘터

다큐멘터리의 편집 구성안의 예

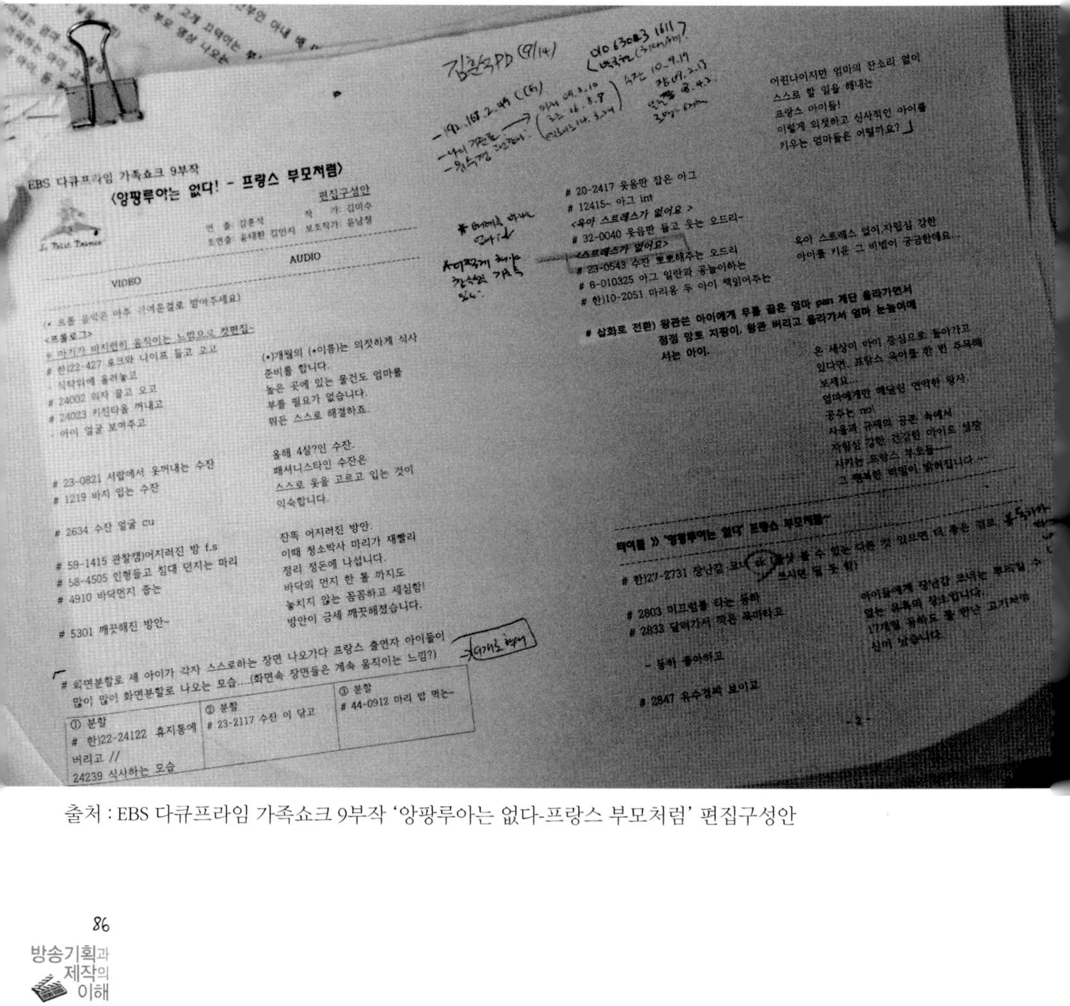

출처 : EBS 다큐프라임 가족쇼크 9부작 '앙팡루아는 없다-프랑스 부모처럼' 편집구성안

리가 역사적 · 시사적인 성격이 강하다면 MBC는 휴먼human적 색채를 띠며 SBS는 상업적 속성이 강하고, EBS는 아카데미적인 색깔이 농후하다. KBS는 국가기간 방송사로서 우리의 역사와 관련된 다큐와 당대의 사회, 문화, 정치 영역의 핫 이슈를 시의성 있게 발 빠르게 진단하는 시사 다큐를 많이 다룬다.

MBC는 전통적으로 평범한 사람들의 이야기를 전하면서 감동과 웃음을 제공하는 휴먼 다큐가 강하고, SBS는 상업방송으로서 건강과 취미 등 시청자들의 필요를 만족시키는 재미 위주의 다큐멘터리를 주로 제작한다. EBS는 인간과 의학, 수학, 음악 등과 같은 전문적인 영역의 소재를 중심으로 교육적이면서도 근원적인 문제를 탐구하는 학술적 접근을 강화한 다큐멘터리를 선보인다.

03 종합구성

종합구성은 스튜디오에서의 제작을 중심으로 ENG 야외 촬영이 인서트insert 꼭지로 구성되는 것을 말한다. 다큐멘터리와 드라마를 제외한 대부분의 방송 표현형식을 종합구성물로 보아도 무방하다. 제작자의 입장에서도 1대의 카메라로 야외에서 촬영되는 방송 콘텐츠 이외에 여러 대의 카메라가 동원될 필요가 있거나 스튜디오에서 세트가 필요한 콘텐츠는 종합구성물의 형태로 제작하게 된다. 예를 들어 특정한 사안에 대한 토론 콘텐츠를 제작하거나 화려한 가무가 섞인 가요 콘텐츠 등을 제작할 때에 종합구성물의 형태가 적합하다. 또한 다

종합구성물의 완성녹화 콘티의 예

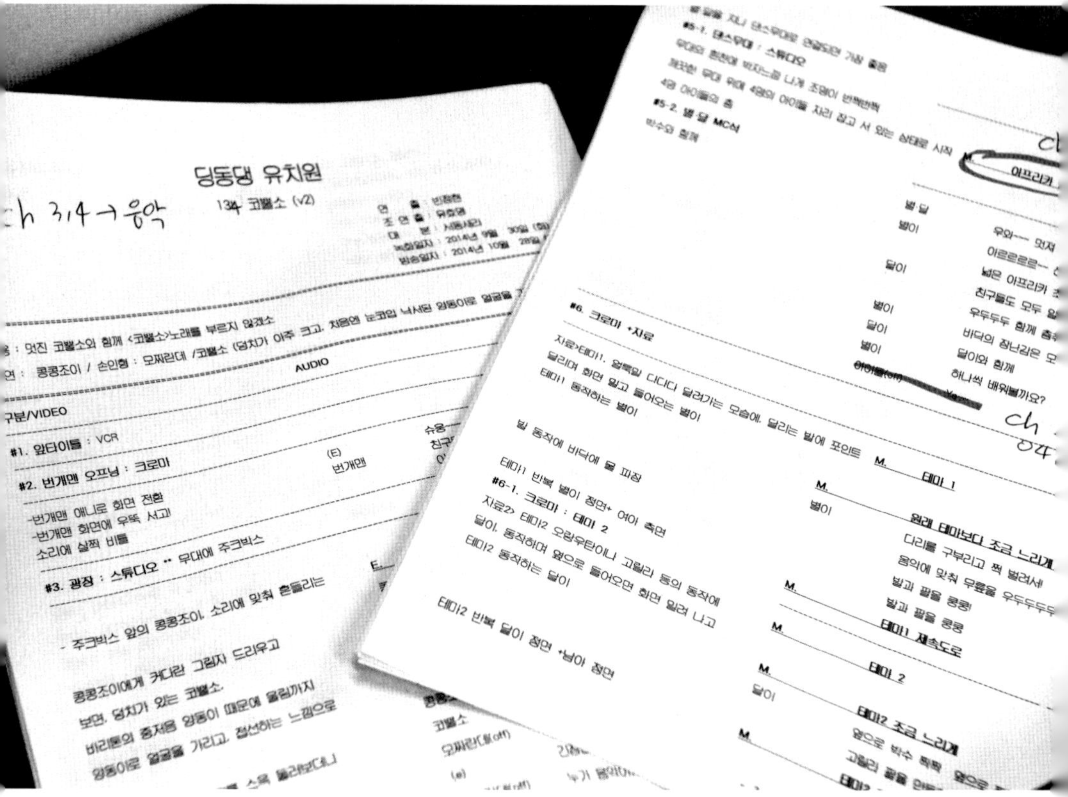

출처 : EBS 딩동댕 유치원

수의 진행자가 스튜디오에서 진행하고 인서트 꼭지를 간간히 보여주는 형식의 콘텐츠도 종합구성물에 해당한다. 이외에도 스튜디오에서의 진행이 없고 야외에서 전체적인 진행이 이루어지더라도 MC와 출연자의 구분이 뚜렷하고 콘텐츠의 내용들이 구성 꼭지로 이루어지는 콘텐츠도 종합구성에 해당한다.

종합구성 콘텐츠의 종류는 크게 예능 콘텐츠와 교양 콘텐츠로 구분할 수 있다. 예능 콘텐츠는 '뮤직 뱅크'와 같은 가요 순위 콘텐츠와 '1박 2일', '무한 도전' 등과 같은 버라이어티variety물, '황금어장', '힐링캠프' 등과 같은 연애 대담 콘텐츠 등이 이에 해당한다. 교양 콘텐츠에는 '아침 마당'과 '생생 정보통', '생방송 부모' 등과 같은 종합 교양물과 시사 토크 콘텐츠, 취재 콘텐츠 그리고 강연 콘텐츠 등이 해당된다. 넓은 의미에서 드라마와 다큐멘터리, 예능 콘텐츠를 제외한 모든 콘텐츠가 교양 콘텐츠라 할 수 있다.

04 취재물

취재물은 말 그대로 특정 사안에 대해 다양한 각도에서 취재하여 만들어진 콘텐츠를 말한다. 여기서 말하는 취재물은 뉴스 기자가 취재한 보도물과는 조금 다르다. 뉴스 보도물은 일반적으로 1분 30초 내외의 짧은 클립으로 구성되고, 취재내용도 사실에 대한 단순 보도가 대부분이다. 그러나 취재 콘텐츠의 러닝 타임은 10여분에서 1시간에 이르며 취재내용도 단순보도 보다는 심층 취재가 일반적이다. 비교적 긴 호흡의 러닝타임으로 특정 사안이나 인물에 대해 탐사 보도 형태의 취재를 통해 숨겨진 사실이나 잘 못 알려진 사안에 대해 진실을 파헤치게 된다.

취재물은 내용과 형식면에서 다큐멘터리의 범주에 포함되기도 하고, 또는 형식면에서는 종합구성의 형태를 띠기도 한다. 취재를 통해 콘텐츠가 제작 된다는 점에서 다큐멘터리와 비슷하고, 취재된 내용이 전달되는 방식에서 종합구성과 비슷하다. 다큐멘터리가 특정 아이템을 취재하고 전문가를 섭외해서 제작 하듯이 취재물도 이와 유사한 방식을 통해 내용이 구성되기 때문이다. 다만 아이템 영역에서 취재물은 시사적인 요소가 강하다면 다큐멘터리는 시사적인 것 이외에도 자연, 인간, 문화, 역사 등 그 범위가 넓고 다양하다. 또한 표현방식에서도 취재물은 보도의 형태를 띠지만 다큐멘터리는 화법과 시점, 영상 구성 등에서 새롭고 다양한 표현 기법을 사용하기도 한다. 전달방식에서는 취재기자나 PD 또는 진행자가 스튜디오에서 전체 콘텐츠를 진행하면서 취재 내용을 인서트 꼭지로 방송한다는 점에서 종합구성과 비슷하다.

취재물의 종류는 다양하지만 취재 주체에 따라 크게 기자의 심층 리포터와 PD 저널리즘 콘텐츠, VJ[Video Journalism]물 등으로 구분할 수 있다. 기자의 심층 리포터는 일반적으로 탐사보도로 칭해지기도 하는데 특정한 아이템에 대해 원인과 결과, 그리고 미래 예측 까지 입체적으로 취재하여 보도하는 것을 말한다. 일반 뉴스 보도가 사실의 단순한 보도에 그친다면 심층 리포터는 사건의 배경 등과 같이 다양한 각도에서의 보도를 통해 시청자로 하여금 진실에 접근할 수 있게 유도한다. '시사 2580'이나 '시사기획 창' 등이 대표적인 예가 될 수 있다.

PD 저널리즘 콘텐츠는 프로듀서가 직접 취재해서 방송하는 것으로 '그것이 알고 싶다'와 '추적 60분' 등이 있다. 거대 언론과 권력에서 소외된 사회적 약자 편에 서서 진실을 탐색하는 것을 주요 목표로 설정하고 있다. PD의 취재물이 기자의 보도물과 다른 것은 출입처를 중심으로 한 정보원과의 이해관계가 없기 때문에 비교적 자유롭게 취재활동을 할 수 있다는 것이다. 상명하복식의 기자문화와 출입처의 폐

쇄적인 취재관행에서 벗어나 전 방위적인 취재활동을 통해 '줄기 세포 사태' 등과 같은 특종취재를 함으로써 사회적으로 큰 반향을 일으키기도 한다.

VJ 물은 공식적인 PD나 기자가 아니더라도 영상을 통해 메시지를 전달하고 싶은 누구나 제작할 수 있는 취재물이다. 방송사나 신문사에 속해 있지 않은 프리랜스 제작자들의 영상 취재활동을 비디오 저널리즘이라 일반적으로 말한다. 취재 아이템 선정이나 취재 활동에서 언론 조직의 영향을 덜 받기 때문에 기존 언론들과는 다른 신선한 내용들이 다루어지기도 한다. VJ 활동 영역은 짧은 뉴스 클립 뿐 만 아니라 연예인 관련 취재물, 호흡이 긴 본격 다큐멘터리에 이르기 까지 그 범위가 넓다. 다매체 다채널 시대에서 VJ 들의 활동은 더욱 활발해질 전망이다.

뉴스 취재팀의 사무실 모습

촬영협조 : EBS 뉴스팀

Chapter 3

방송 제작 현장 엿보기

01 스튜디오

세트와 조명

옆의 사진에서는 녹화 시작 전에 세트를 설치한 후 조명 스텝이 다양한 조명효과를 내기 위해 분주히 움직이고 있다. 스튜디오에서의 녹화는 세트와 조명 예술이라 할 수 있다. 제작자의 상상 속에 있는 공간을 스튜디오에 만들어 낼 수 있고, 현란한 조명기술을 이용해 세트 예술을 한층 증폭시킬 수 있다.

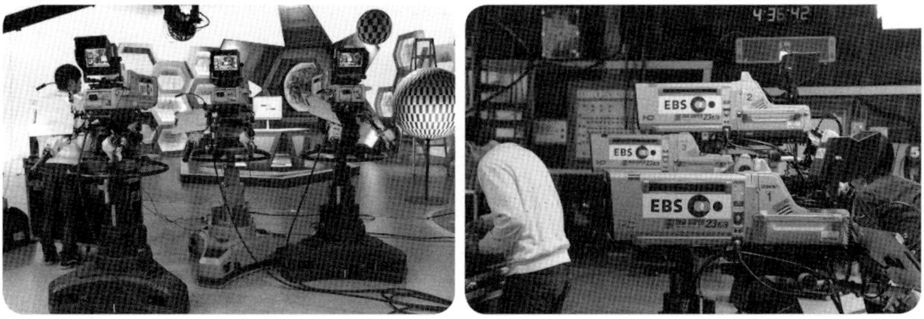

스튜디오 카메라 1, 2, 3

스튜디오 카메라의 수는 3대가 기본이다. 여기에 방송의 규모와 상황에 따라 더 많은 카메라가 더해지고 지미 짚Jimmy Jib이나 크레인Crane 등과 같은 특수 카메라가 설치되기도 한다. 카메라 3대가 기본이 되는 이유는 세트에서 벌어지는 상황을 일반적으로 모두 촬영할 수 있기 때문이다. 각각의 카메라는 각기 다른 촬영영역을 가진다. 카메라 1은 세트 오른쪽 영역을 커버하고, 카메라 2는 중앙을, 카메라 3는 왼쪽 영역을 주로 담당한다. 물론 상황에 따라 촬영영역을 자유롭게 이동하기도 한다.

지미 짚은 카메라의 상하, 좌우 이동을 용이하게 해서 다양한 영상을 잡을 수 있도록 하는 특수 장비이다. 규모가 큰 방송 콘텐츠를 제작할 때 자주 사용하는 장비이다. 지미 짚을 이용해서 촬영하면 일반 카메라에 비해 상하좌우로 부드러운 카메라 워킹이 가능하며 역동적인 영상을 얻을 수 있다.

지미 짚 (Jimmy Jib)

지미 짚과 스튜디오 카메라

왼쪽 사진은 부조부조정실에서 내려다 본 스튜디오 내부 모습이다. 카메라 1, 2, 3와 지미 짚이 보인다. 아래 사진은 스튜디오 카메라에서 잡은 영상을 부조의 모니터로 내보내는 카메라 케이블이다. 모두 6개의 케이블이 보이는데 최대 6대의 카메라를 설치할 수 있다. 카메라맨을 포함해 스튜디오에서 움직이는 스텝들은 케이블 선을 밟는 것을 극도로 주의한다. 케이블 선에 이상이 생기면 영상전달에 문제가 생길 수 있기 때문이다.

카메라 케이블

02 부조정실

부조정실부조은 스튜디오를 사용해서 방송 콘텐츠를 제작할 때 전체적인 컨트롤을 수행하는 곳이다. 방송되기 전에 방송 콘텐츠를 사전 녹화하거나 아예 녹화와 동시에 방송되는 생방송을 제작할 수도 있다. 부조에서는 늘 긴장감이 흐르며 방송제작 현장의 역동성을 느낄 수 있는 곳이다.

사진은 녹화시작전의 부조정실 모습이다. 스텝들이 세트상태와 오디오, 조명 등의 상황을 점검하고 있다. 오른편 사진의 오른쪽부터 PD, TD기술 감독, 비디오맨, 조명 감독의 순으로 앉아 있다. 위쪽 사진의 가장 안쪽에 위치해 있는 유리 창문을 통해 아래쪽의 스튜디오를 볼 수 있다. 대부분의 방송제작 현장에서는 부조종실이 위쪽에, 그 아래쪽에는 스튜디오가 위치해 있다. 구체적인 모습은 아래 사진에서 잘 볼 수 있다.

부조정실 전경

부조에서 내려다 본 스튜디오

위 사진에서처럼 부조에서는 바에 달려 있는 각종 조명들의 상태와 스튜디오에서 벌어지는 다양한 상황에 대해 확인할 수 있다. 또한 카메라를 통해 올라오는 영상을 선택해서 시청자에게 전달할 수 있다. 아래의 사진 왼편에서 보듯이 카메라 4에 빨간 불이 들어와 있는데 PD가 설치된 카메라 4대 중에서 4번 카메라를 선택하여 녹화하고 있음을 알 수 있다. 선택된 4번 카메라의 영상은 위쪽의 큰 모니터에 PGM[program의 약자]으로 표시되며 나타난다.

카메라 영상의 선택

부조에는 스튜디오 녹화를 돕는 다양한 장비들이 갖추어져 있다. 아래에서 보는 것처럼 대표적인 것이 스위쳐switcher와 오디오 믹서audio mixer, 조명 컨트롤러controller 등이다. 스위쳐는 카메라에서 보내진 영상을 선택하거나 다양한 화면 이펙트를 넣을 수 있고, 자막 삽입 등과 같은 영상구성을 전체적으로 조정할 수 있는 장비이다. 오디오 믹서와 조명 컨트롤러는 말 그대로 오디오와 조명을 조정한다.

스위쳐

오디오 믹서

조명 컨트롤러

03 주조정실

주조정실 전경

주조정실[주조]은 완성된 방송 콘텐츠를 최종적으로 가정에 전달하는 기능을 하는 곳이다. 외관상으로는 부조정실과 비슷하지만 기능과 역할에서는 많이 다르다. 방송내용을 시청자에게 최종적으로 전달하는 것을 관장하는 곳인 만큼 긴장감은 부조정실보다도 훨씬 높다. 약간의 실수가 방송사고로 이어지기 때문에 주조의 스텝들은 한 순간도 긴장의 끈을 놓을 수 없다. 또한 방송사에서 가장 중요한 보안시설이기 때문에 항상 경비원이 배치된다.

주조에서는 모든 상황이 컴퓨터로 제어된다. 아래의 사진처럼 그날 방송될 콘텐츠가 편성표대로 자동적으로 송출될 수 있도록 제어된 내용을 확인할 수 있다. 또한 주조에서 일어나는 모든 상황에 책임과 권한을 가지고 있는 MD master director는 프린트된 내용을 재차 확인하면서 방송사고가 일어나지 않도록 만전을 기한다.

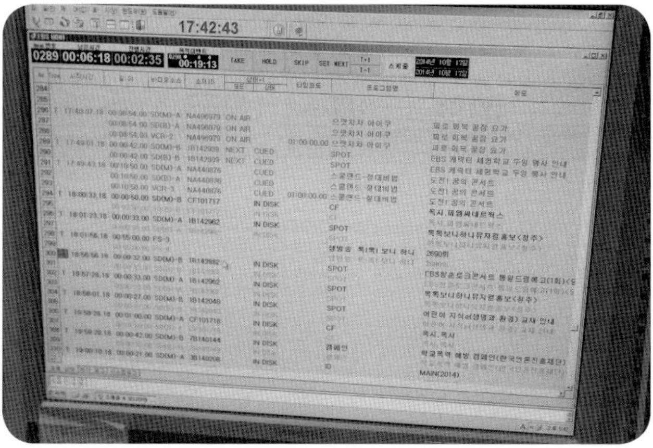

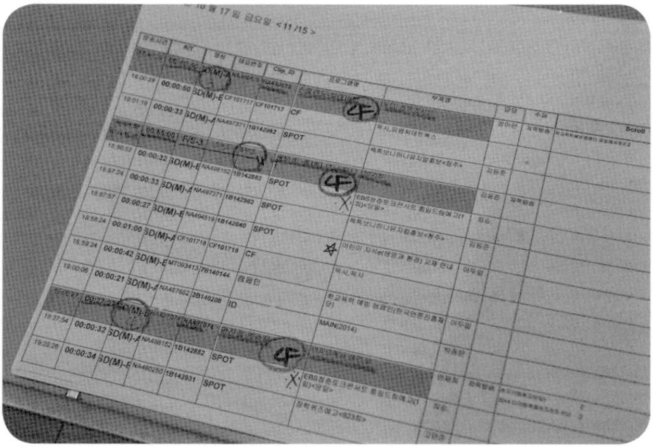

방송 콘텐츠의 송출

주조에는 방송될 테이프가 속속 전달된다. 전달된 테이프에는 방송 콘텐츠명과 방송일시, 러닝 타임이 명확히 기재되어 있고, 이를 방송될 순서와 맞는지 확인 또 확인하게 된다. 이 과정에서 자칫 실수가 있게 되면 큰 방송사고로 이어지기 때문이다. 확인이 끝난 테이프는 VCR 데크에 넣어져 본방용과 1차 2차 백업용으로 복사된 후에 각 가정으로 방송된다.

방송대기 중인 테이프

04 완성 편집실

완성 편집실은 부조에서 만들어진 스튜디오 녹화물이나 넌리니어 등 편집 장비를 통해 1차 편집된 내용을 최종적인 방송 콘텐츠로 완성하는 곳이다. 이곳에서는 부조에서 할 수 없는 다양한 영상 이펙트 작업과 자막작업 등을 손쉽게 할 수 있다.

완성 편집실 전경

완성 편집실에서는 방송될 모든 영상에 다양한 효과를 줄 수 있기 때문에 생방송을 제외한 대부분의 콘텐츠 제작이 이곳에서 이루어진다. 이곳에는 스위쳐를 비롯한 다양한 영상 편집 기기들이 설치되어 있고, 이들 기기들을 잘 다룰 줄 아는 숙련된 기술 감독이 배치되어 있다. 또한 콘텐츠의 최종 완성을 위해 음악감독과 효과 맨, 자막담당자 등이 모두 참여한다.

편집 장비

음악 감독과 효과맨

05 편집실

완성 작업을 하기 전에 PD가 1차적으로 파인 컷fine cut 작업을 하는 곳이다. 촬영 원본에서 기획의도에 맞게 좋은 영상을 찾아서 일대일 편집을 하는 곳이다. 여기서 일대일 이라 함은 완성편집처럼 많은 스텝이 참여하여 편집하는 것이 아니라 PD가 혼자서 편집한다는 것을 말한다. 또는 지금은 넌리니어nonlinear, 비선형 편집이 대세이지만 몇 년 전까지만 해도 편집기 두 대로 컷 편집만 가능했는데, 편집기 두 대가 일대일 쌍을 이루어 편집한다 해서 일대일 편집이라 일컬어지기도 했다.

사진은 요즈음 많이 사용하는 넌리니어 편집 모습이다. 컴퓨터 편집 프로그램을 이용하여 컷cut 편집 뿐 만 아니라 디졸브dissolve, 페이드fade,

넌리니어(nonlinear) 편집

페이지 턴page turn 등 다양한 효과 편집도 가능하다. 또한 자막과 음악 삽입도 손쉽게 할 수 있어 완성작업도 할 수 있다. 넌리니어 편집은 비선형 편집이라 해서 영상을 순차적으로 편집하지 않고 자유자재로 끼워 넣어 편집할 수 있다. 반면에 왼쪽 사진은 리니어 편집, 즉 선형 편집모습으로서 컷 편집만이 가능하고 현재는 조금씩 사라져 가고 있는 편집방법이다.

리니어(linear) 편집

편집실 전경

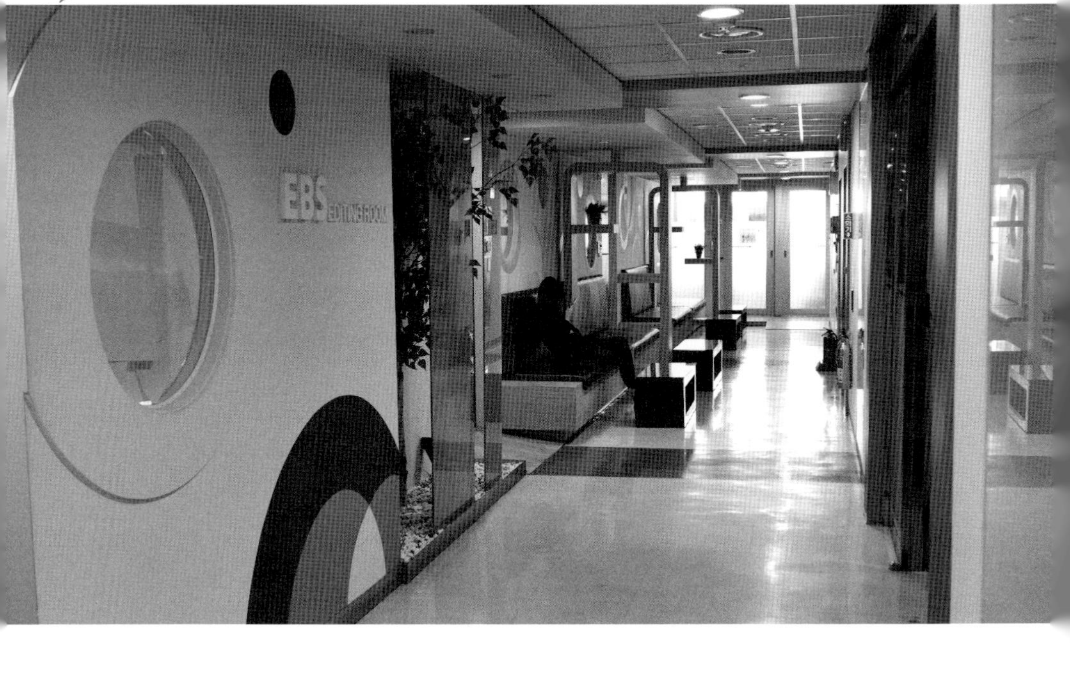

고생 프로젝트
어서와!
고생은
처음이지?
편집실
무단출입 금지!!!
28
29

00:52:29:14

06 기타 (세트 실, 소품실)

사진은 방송사 세트실의 모습이다. 아래 사진의 작업실에서 제작된 다양한 세트들이 잘 정돈되어 있다. 수많은 방송 콘텐츠가 제작되기 때문에 세트 실은 늘 분주하다. 녹화 스케줄에 맞추느라 세트 실 스텝들은 밤을 새기도 한다. 연출팀에서 미술팀에 세트제작에 대한 의뢰를 하고, 미술팀 담당자는 도면을 작성한 후에 세트 실에서는 도면에 따라 세트를 제작하게 된다. 스튜디오에서 제작되는 방송 콘텐츠는 야외 촬영 콘텐츠와 달리 세트 예술이라고 불리기도 한다. 콘텐츠의 내용과 성격에 일치하는 세트 제작은 콘텐츠의 완성도를 높여주며 시청자를 흡입하는 중요한 방송 제작과정 중의 하나이다.

세트 실 전경

사진은 소품실의 모습이다. 소품실에서는 방송에 사용되는 수만 가지의 소품들을 보관하고 관리한다. 스튜디오 세트를 돋보이게 하는 소품들 뿐 만 아니라 드라마와 다큐멘터리 등과 같은 야외 제작 콘텐츠에 사용되는 소품들도 준비되어 있다. 소품실은 방송사의 만물상이라 할 만큼 상상을 초월하는 다양 다기한 소품들이 즐비하다. 소품실 스텝들은 방송에 사용되는 소품들을 구매하기도 하고 제작하기도 하면서 소품의 밀반출을 관리한다.

소품실 전경

Chapter 4

방송 제작이란?

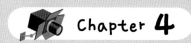

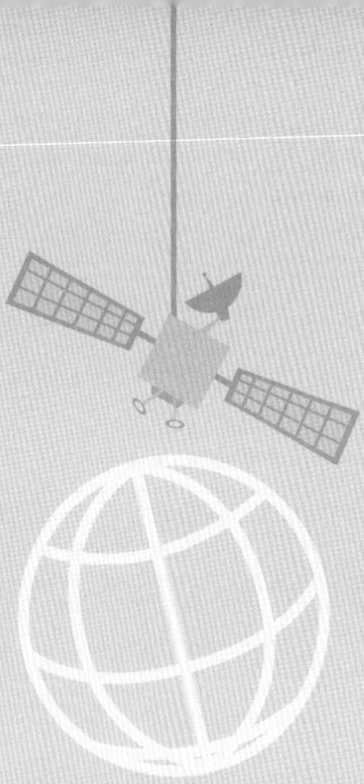

방송 제작이란 말 그대로 방송 프로그램을 제작하는 것인데, 이를 좀 더 구체적으로 살펴보면 방송 제작은 시청자들에게 감동과 재미를 주기 위해 여러 사람이 협업해서 새로운 것을 만들어서 서비스하는 과정 및 그 내용을 말한다. 즉 방송의 소비자와 제작자에 대한 이해와 이들을 연결하는 방송내용, 그리고 프로그램을 완성하는 과정 등에 대한 이해를 통해 방송 제작에 대해 구체적으로 알 수 있다.

01 시청자를 하늘로 받들기

방송제작은 시청자를 하늘로 받드는 것에서부터 시작된다. 그렇다면 방송 제작에서 시청자란 무엇인가? 특정한 사회적 신분이나 연령, 출신, 취향 등으로 구분되지 않는 일반인을 말한다. 이들을 불특정 다수라 칭한다. 특정되지 않은 대다수의 사람들인 것이다.

이해를 돕기 위해 영화의 관객과 비교해보자. 관객은 특정한 사람들이다. 특정한 어떤 영화에 대해 관심과 이해를 가진 특수한 사람들이다. 특정한 감독에 대해 좋고 나쁨에 대한 판단을 가진 사람들이다. 그렇기 때문에 시간을 쪼개어 돈을 지불하고 영화를 관람한다. 예술영화이든 상업영화이든 관계없이 관객은 영화의 스토리, 또는 감독의 작품세계를 이해하기 위해 적극적인 개입을 한다. 마치 밥상 위의 굴비를 발라 먹듯이 영화를 해석하고 비평한다. 영화의 관객은 특정한 영화와 감독에 대해 일정한 취향과 관심을 가진 특정한 사람들이다.

이와는 달리 시청자는 남녀노소의 구분이 없으며 TV앞에 앉아 있는 누구나 시청자이다. TV를 통해 흘러나오는 다양한 콘텐츠들을 특별히 주의를 기울이지 않고 볼 수 있는 사람들이 시청자이다. 집안의 거실, 대합실, 식당 등의 열린 장소에서 주의를 집중하지 않고 TV를 보는 사람들이다. 신문을 보면서, 버스를 기다리면서, 식사를 하면서 TV를 흘겨보는 사람들이 시청자이다.

딴 짓하며 볼 수 있는 TV는 시청자 누구에게나 이해될 수 있는 것이어야 한다. 보편적이며 객관적인 내용이 전제되어야 한다. 남녀노소 누가 봐도 알 수 있고 주의를 집중하지 않아도 이해할 수 있는 내용이어야 한다. 시청한 내용을 두고 심심풀이 땅콩처럼 시시콜콜 대화를 나눌 수 있어야 한다.

그러나 영화는 돈을 지불하고 선택한 것이기 때문에 소수의 관객들이 아무리 난해한 영화라 할지라도 적극적인 개입을 통해 해석하고 의미를 부여하려 한다. 영상구성이 자의적으로 이루어지더라도 또는 내용이 복잡하고 이해가 어려워도 관객들은 자신을 영화 속에 적극적으로 개입시키며 감독의 의도를 파악하려 애쓴다.

만약에 영화처럼 TV 콘텐츠도 제작자의 주관적이며 자의적인 판단이 지배한다면 과연 시청자들은 TV 앞에 앉아 있을까? 아마도 채널을 돌린다든지 아니면 아예 TV를 보지 않을 것이다. 시청자는 불특정 다수로서 이들의 일반적인 이해관계와 지식을 전제로 보편적이며 객관적인 내용으로 구성되어야 한다. 따라서 방송제작은 제일 먼저 시청자가 누구인지, 그들의 특성이 어떠한지에 대한 이해가 있어야 하고, 이를 바탕으로 콘텐츠를 제작하여야 한다. 한마디로 시청자를 하늘로 모셔야 한다. 제작자는 자신이 만드는 콘텐츠가 시청자의 요구를 얼마나 수용하고 있는지 항상 반문해야 한다. 방송제작은 시청자를 위한, 시청자에 의한, 시청자의 것이어야 한다.

여기서 한 가지 주목해야 할 점은 매체의 발달로 불특정 다수에 대한 개념은 희미해지고 시청자는 세분화되고 있다는 것이다. IPTV, 모바일, VOD 등 새로운 서비스가 확대되면서 연령에 따라 또는 취향과 관심에 따라 방송 프로그램이 재편되고 있다. 일반적이고 보편적인 내용이 세분화된 시청자에 맞게 특수한 내용으로 바뀌어가고 있는 것이다. 시청자들은 드라마, 다큐멘터리, 예능 등과 같이 장르별로 나누어진 시청형태를 보이기도 하고, 또는 낚시, 등산, 자동차, 패션, 요리 등과 같이 취향에 따라 시청하기도 한다. 시청자가 불특정 다수라는 말이 무색해지고 있는 것이다. 매체 환경 변화에 따른 시청자의 변화를 잘 읽을 필요가 있다. 왜냐하면 이러한 상황 속에서도 시청자는 영원한 하늘이기 때문이다.

강의실 1 

방송기획 아이템 선정 수업 중에서

용구　교수님, 저는 우리 학교식당의 실태에 대한 다큐멘터리를 만들고 싶어요. 다른 학교와 비교해서 가격은 어떠하며 식단의 질은 어느 정도 인지를 알아보고 싶습니다.

교수　그래 좋아요. 근데 자네는 누구에게 보여 주려고 다큐멘터리를 만들려고 하지?

용구　…

교수　우리 학교 학생들을 위해서? 혹은 춘천시의 대학생들에게 보여주려고?

용구　아직 생각은 안 해봤지만… 어… 우리 학교 학생들을 위해서 만들려고 합니다.

교수　그렇겠지…. 그런데 방송콘텐츠를 교내 학생만을 대상으로 해서 만든다는 것은 어쩐지 좀 손해 보는 장사인 것 같지 않아? 이왕 만드는 거 많은 사람들이 보면 좋지 않겠어? 누구에게도 공감할 수 있는 내용으로. 따라서 굳이 학교 식당문제를 가지고 다큐멘터리를 제작한다면 시청대상을 일반인들, 즉 불특정 다수로 정해놓고 아이템을 확장시켜서 더 심층적으로 들여다보는 편이 나을 거야. 예를 들어 전국 대학교의 교내 식당문제로 넓혀서 학생 식당이 처한 문제점이 무엇인지? 이를 해결하려면 어떤 노력들이 필요하고, 또는 해외 대학의 모범사례를 찾아서 대안을 마련한다던가 하는 편이 좋을 것 같아. 물론 실습 작품으로서 이렇게까지 확대시킬 필요는 없겠지만 다큐멘터리를 만들 때에는 이를 볼 사람들이 누구인지를 먼저 생각해야 해요. 그렇다면 자네의 아이템은 시청대상을 고려하지 않았다는 점에서 다시 재검토 할 필요가 있겠지.

용구 네 교수님 다시한번 생각해보겠습니다.

교수 여러분, 용구와 같은 사례는 흔히 발생하는 일들입니다. 교내의 총학생회의 활동에 관한 다큐멘터리나 학교 주변의 맛 집에 대한 이야기, 우리 과의 생활 모습에 대한 이야기, 중앙 도서관에서 면학분위기를 활성화하기 위한 이야기 등이 시청대상을 특정한 사람들로 한정시키거나, 아예 시청대상을 고려하지 않고 기획하는 예들입니다. 결국 방송제작에서 제일 먼저 할 일은 시청자를 생각하는 것입니다. 일반인들이 봤을 때 볼 만한 것이냐를 먼저 생각하는 것이 중요합니다. 모두들 알겠어요?

학생들 네에 교수님….

02 감동과 재미, 두 마리 토끼 잡기

방송제작은 시청자들에게 감동과 재미를 주는 것이어야 한다. 여기서 말하는 감동은 가슴을 울리는 짠한 경험 뿐 만 아니라 웃음 코드를 건드려 배꼽을 잡게 하는 일 등도 포함된다. 방송제작은 시청자들의 보편적인 감정 선을 따라 울고 웃기는 내용으로 채워져야 하는 것이다. 방송내용이 시청자의 정서와 감정에 소구하지 못하고 밋밋한 것으로 전달된다면 시청자들은 해당 콘텐츠를 외면하기 쉽다.

각 방송사들은 시청자의 눈길을 끌기 위해 다양한 형식의 방송 포맷을 개발하고 수많은 장치를 콘텐츠에 삽입한다. 예를 들어 드라마에서 흔히 볼 수 있는 멜로 라인이라든가 갈등구조, 착한 사람 대 악한 사람, 출생의 비밀 등은 시청자들에게 눈물샘을 자극하거나 웃음을 유발하기 위한 감동유인 장치들이다.

재미라는 것도 단지 오락 콘텐츠가 주는 즐거움에 한정되는 것이 아니다. '불후의 명곡'이나 '뮤직뱅크' 등과 같은 가요 콘텐츠들이 주는 듣는 재미와 '힐링 캠프', '무릎팍 도사'와 같이 스타들의 인간적인 면모를 볼 수 있는 소소한 재미 등이 대표적인 것들이다. 마찬가지로 시사 콘텐츠가 제공하는 진실의 발견이나 부패와 비리에 대한 고발, 또는 다큐멘터리의 유익한 정보제공 등도 넓은 의미에서 재미에 해당된다. '그것이 알고 싶다'의 수지킴 사건이나 '갯벌은 살아 있다'와 '차마고도', '슈퍼 피쉬' 등이 이에 해당한다.

감동과 재미는 동전의 앞뒷면처럼 서로 다르면서도 같은, 나누어지지 않는 한 몸과 같다. 감동적인 콘텐츠는 재미있으며, 재미있는 콘텐츠는 감동적이다. 방송제작은 감동과 재미라는 두 마리 토끼를 좇는 고민의 과정이다. 밤을 새며 기획회의를 하고, 감지 않은 머리로 슬리퍼를 끌고 다니는 PD와 작가들의 모습은 감동과 재미를 잡기 위한 방송제작 스텝들의 고민의 깊이를 말해준다.

강의실 2 방송제작 기획 수업 중에서

교수 자… 여러분들 오늘은 제작 아이템을 발표하는 날이지? 그동안 많이들 생각해봤어요? 그럼 누가 이야기해볼까? … 어 그래 두보.

두보 교수님 저는 경춘선 전철을 타고 등하교를 하는 학생들의 이야기를 하고 싶습니다.

교수 그래? 어떤 이야기?

두보 학생들이 전철 안에서 하는 일들이 무엇인지, 등하교가 힘들지는 않는지, 학교까지 시간이 얼마나 걸리는지 등에 대해 알아보고 싶습니다.

교수 좋아. 두보야 그럼 니가 알고 싶은 것들에 대해서 실제로 취재하기 전에 한번 상상해보자. 먼저 학생들이 전철 안에서 뭘 하는 것 같애?

두보 수업준비를 하거나, 스마트폰으로 음악을 듣고, 검색하고, 영화보고, 채팅할 것 같습니다.

교수 그럼 다음으로 등하교가 힘들 것 같애? 쉬울 것 같애?

두보 …

교수 힘들거나 쉽거나 하겠지. 그럼 이게 무슨 의미가 있니? 그리고 학교까지 걸리는 시간은 대체로 전철로 가는 시간과 비슷하겠지.

두보 …

교수 자… 그럼 내가 질문해보께. 니가 알아보고 싶은 이야기들이 재미있니? 아니면 감동적이니? 유익하니? 혹은 우끼니?

두보 … 조금 유익할 거 같은데 나머지는 아닌 것 같아요.

교수 음… 유익하다고 생각하는 것은 너 만의 생각일 수도 있어. 시청자를 생각해봐. 그들에게도 유익할까? 아닐 거야. 왜냐하면 뻔히 상상할 수 있는 그림과 내용이잖아. 경춘선 안에서의 학생들의 모습은 일반 전철에서도 흔히 볼 수 있는 내용이고, 그 나머지도 시청자 입장에서는 궁금하지도 유익하지도 않은 것 같애. 한마디로 재미도 없고 감동도 없어. 그럼 어떻게 해야 하지?

두보 교수님 말씀이 맞는 것 같습니다. 다시한번 생각해보겠습니다.

교수 그치? 다른 아이템으로 다시 기획하는 것이 좋겠어.

03 협업을 위한 교향곡

방송제작은 혼자의 힘으로만 이루어지는 것이 아니다. 일반적으로 PD 혼자서 콘텐츠를 제작하는 것으로 알고 있지만 실제로는 그렇지 않다. PD는 단지 콘텐츠 제작과정 전반을 관장하고 그 결과에 책임을 진다. 복잡한 제작과정 모두를 PD의 개인적인 역량으로 커버할 수 없다. 글을 쓰고, 촬영을 하고, 이 밖에 음악 믹싱, 효과 삽입, 자막 디자인 등의 분야에서 전문가의 도움을 받을 수밖에 없다. 방송제작은 수많은 스텝들과의 협업을 통해서 이루어진다는 점에서 오케스트라가 연주하는 교향악과 같다.

다큐멘터리의 경우에는 5-6 명 정도의 스텝들로 구성되어 제작이 진행된다. 연출, 조연출, 작가, 카메라 감독, 카메라 보조, 조명 등의 스텝들로 구성되는데, 여기에 오디오맨 등이 포함되기도 한다.

드라마는 대 군단이라 할 만큼 많은 스텝들이 참여한다. 일반적으로 20-30명 정도의 스텝들로 구성된다. 연출 1명, 조연출 2-3명, 현장진행 FD^Floor Director^ 3-4명, 스크립터^Scripter^ 1명, 작가 1명, 카메라 감독 1명, 카메라 보조 2-3명, 조명 팀 5-7명, 오디오 팀 2-3명, 의상 및 분장 코디 2-3명, 이외에도 소품 팀과 특수 장비 팀 등으로 구성된다.

예능 콘텐츠의 경우에도 수많은 스텝들이 참여하는데 약 20여명 이상으로 이루어진다. 연출팀과 오디오, 조명 팀 등 기존의 인력과 함께 현장의 역동적인 모습을 담아내기 위해 촬영 팀이 대폭 보강된다. ENG와 6미리 소형 카메라를 포함해 대체로 5-6대 이상의 카메라가 동원되면서 인력도 그만큼 보충된다. 이외에도 스튜디오 제작물은 작가와 FD을 포함한 연출팀 3-5명, 스튜디오 카메라 3-7명, 기술 감독을 포함한 부조정실 스텝 5-6명 등 약 20명 안팎의 스텝들이 콘텐츠 제작에 참여한다.

이상의 예들은 콘텐츠 제작 후반 작업을 제외한 제작현장에서의 스텝구성이다. 편집과 완성작업을 포함할 경우에는 이보다 훨씬 많은 스텝들이 참여하게 된다. 방송제작은 PD를 중심으로 수많은 스텝들이 자신의 고유한 업무를 담당하며 이루어진다. 여기에서 PD는 스텝들의 전문적인 식견을 자신의 기획에 맞게 조정하고 이끌어 갈 수 있는 리더십을 발휘해야 한다. 방송제작과정에 참여하고 있는 스텝들의 능력을 100% 발휘할 수 있도록 인간관계를 돈독히 하고 제작계획을 치밀하게 설계하여 성공적인 협업이 이루어지도록 많은 신경을 써야 한다. 이 과정에서 PD와 개인적인 친분관계가 없는 스텝들도 콘텐츠의 완성도를 위해 포용할 수 있는 넓은 아량도 필요하다.

강의실 3 조별 작품 발표회

교수 3조 작품 잘 만들었는데… 자 모두들 나와서 제작 후 각자 소감을 말해 봐요.

영훈 집에서 편하게 봤던 방송 콘텐츠가 이렇게 힘든 과정을 거쳐 제작된다는 것을 새삼 느꼈습니다. 한 컷의 영상을 만들기 위해 수많은 사람들이 참여하고 이것을 편집하여 완성하기 까지 많은 공이 들어간다는 사실을 알게 되었습니다. 앞으로 TV를 볼 때 감사하는 마음으로 봐야겠다는 생각을 해봤습니다.

기홍 저는 제가 기획한 내용이 콘텐츠로 최종 완성되는 것을 보면서 뿌듯함을 느낍니다. 처음에는 과연 이것이 영상으로 만들어 질 수 있을까 의구심을 갖기도 했습니다. 근데 이렇게 만들어지고 보니 마치 내 새끼 같습니다. 힘든 과정을 함께한 우리 조원들께 감사합니다.

상오 전 앞서 두 분 말씀 중에도 나오지만 방송은 함께 만드는 것이라는 것을 느꼈습니다. 제가 맡은 파트는 촬영이었는데, 이것만으로는 콘텐츠를 제작할 수 없죠. 연출이 있어야 하고, 작가, 편집자, 출연자 등이 모두 함께 해야 가능한 것입니다. 조원들과 처음 만났을 때 서로 잘 몰라서 서먹서먹했는데 작품을 같이 제작하면서 서로를 알게 되고 양보하면서 참 좋은 추억을 만들었다고 생각합니다. 평소과 생활하면서 피상적으로만 알던 학우들과 좀 더 친한 사이가 되었다고나 할까요. 여하튼 저도 우리 조원 분들께 감사드립니다.

지현 저도 상오와 같은 생각을 했습니다. 방송은 협업이라는 것, 그리고 스탭들간의 관계가 매우 중요하다는 것을 느꼈습니다. 우리 조는 오늘 수업 끝나고 회식할거예요.

교수 그래? 나도 회식에 끼면 안될까?

학생들 와… 좋죠. 저희야 영광입니다.

교수 하하. 아니야. 농담이야. 수고했다는 의미로 모두들 박수.(와—짝짝짝)

04 새로움으로의 초대

방송제작은 새로운 무언가를 만드는 것이다. 우리 주변의 방송콘텐츠를 한번 생각해 보자. 다큐멘터리와 드라마, 예능 콘텐츠들을 찬찬히 떠올려 보자. 같은 것이 있는가? 아이템과 표현방식에서 다들 다르다. 모 방송사에서 인기리에 방영되었던 다큐멘터리 '슈퍼 피쉬', '최후의 제국', 그리고 각 방송사에서 경쟁하듯 편성하고 있는 다양한 다큐멘터리는 형식과 내용에서 모두들 새로움을 추구한다. 그 결과로 방송사들은 같은 다큐멘터리 포맷이라도 다른 색깔을 띤다. 앞서 살펴본 것처럼 확연히 구분되는 것은 아니지만 대체로 KBS 다큐멘터리가 시사적인 성격이 강하다면, MBC는 휴먼적 색채를 띠며, SBS는 상업적 속성이 강하고, EBS는 아카데믹한 색깔이 농후하다.

예능물의 경우에도 새로움을 추구한다. 예를 들어 비슷한 형식의 연예인 대상 토크 콘텐츠도 저마다 각기 다른 새로움이란 옷을 입고 있다. 형식면에서 살펴보자면 무릎팍 도사는 점집이라는 특별한 공간을 세트로 만들어 뭔가 비밀스러운 이야기들이 흘러나올 것 같은 인상을 준다. 힐링캠프는 치유라는 컨셉으로 캠핑장이나 별장, 산속 등의 공간에서 속 깊은 이야기들을 전해주고, 해피 투게더는 무장해제를 컨셉으로 겉옷을 벗어 던지고 숨김없는 솔직한 이야기를 끄집어내기 위해 사우나 공간을 설정한다. 마찬가지로 가요 오디션 콘텐츠도 출연자의 연령대와 소구점, 심사위원 구성과 평가 방법 등에서 뚜렷한 차이를 보이며 각기 다른 새로움을 전해준다.

드라마의 경우에는 멜로라인의 설정, 선과 악의 대립, 출생의 비밀,

치명적인 병, 삼각관계 등과 같이 유사한 내용들이 많아 언뜻 새롭지 않은 것으로 비춰지기도 한다. 그러나 스토리의 전개방식과 배우들의 캐릭터 설정, 주요한 공간 무대 등에서 새로움을 찾는다. 기획기간이 대개 1년 이상 걸리는 것도 기존의 것과 다르게 가기 위한 노력의 한 단면이다. 또한 편성의 차이를 통해 드라마에 새로움을 부여하려 한다. 단막극을 통해 실험성을 강화하고, 일일극을 통해 일상의 소소한 이야기들을 전달한다면 미니시리즈를 통해 트렌드를 쫓아 대중문화에 커다란 영향을 끼치기도 한다.

그렇다면 방송제작은 왜 새로움을 추구해야 하는가? 해답은 명확하다. 새롭지 않고 뻔한 것이라면, 어디서 이미 봤던 것이라면, 시청자가 쉽게 상상할 수 있는 스토리와 결과라면, 아마도 시청자는 방송 콘텐츠를 보지 않을 것이다. 보지 않는 방송은 이미 그 존재가치가 없다. 보지도 않는 콘텐츠를 만든다는 것은 먹을 수 없는 음식을 만들어 먹으라고 하는 것과 같다. 결국 방송 제작이 새로움을 추구할 수밖에 없는 것은 시청자들의 눈을 사로잡고 채널을 고정시키기 위해서이다.

강의실 4 기획안 발표 시간

교수 누가 한번 발표해 볼까? 따끈따끈한 기획안을….

광호 전 저를 포함해 제 친구들의 자취문제를 다루어 보고 싶습니다. 아직 구체적으로 정한 건 없지만 자취생의 생활에 관해 만들어 보고 싶습니다.

교수 아 그래? 좀 더 구체적으로 설명해주면 어떨까?

광호 음.... 예를 들면 자취생활이 힘들지는 않는지, 어떤 음식을 해 먹는지, 방 값은 얼마나 하는지 등에 대해 다루면 어떨까 합니다.

교수 그렇다면 그런 질문에 대해 자네가 직접 취재는 안했지만 상상해서 답해보면 어떤 답이 나올까?

광호 …

교수 자 한번 생각해 보자. 자취 생활이 힘든지 여부에 대해 아마도 어떤 학생은 자유로워서 재미 있다 할 것이고 어떤 학생은 밥도 해먹어야 하고 부모님과 떨어져 있어서 외롭고 힘들다고 하겠지. 그리고 음식은 해 먹기보다 밖에서 사 먹는 일이 많을 것이라는 답이 많을 거고, 방 값이야 정해진 가격이 있으니 그렇게 궁금한 것도 아닐 거야. 그렇다면 너의 기획안이 새롭다고 할 수 있을까? 또는 자네 콘텐츠를 보는 사람들이 재미있게 볼 수 있을까? 아마도 그렇지 않을 거야. 광호 기획안은 흔히 알고 있는 뻔한 이야기를 할 수 밖에 없을 것 같다.

광호 … 교수님 말씀이 맞는 것 같습니다.

교수 광호처럼 우리 학생들이 범하는 실수가 이런 거예요. 학생식당, 자취생이야기, 학생 축제 등에 대한 기획안들이 광호와 같은 예에 해당됩니다. 그다지 궁금하지도 새롭지도 않은 이야기들이라는 거죠. 자 모두들 다시 한 번 심사숙고해서 기획안을 만들어 봅시다.

05 서비스 정신의 산물

방송제작의 결과물은 제작자 개인의 작품이 아니다. PD와 카메라맨, 작가 등 제작 스텝들의 소장용 자산이 아니다. 스텝들의 노고의 결과이지만 방송 콘텐츠는 오롯이 시청자의 것이다. 공적 그릇인 방송매체를 통해 전달되는 콘텐츠는 시청자들을 위해 존재한다. 시청자들에게 정보를 제공하고 감동과 웃음을 전하는 것이다. 시청자의 삶에 보탬이 되기 위해 콘텐츠는 존재한다.

따라서 방송제작은 시청자를 위해 서비스하는 것이 가장 중요한 목표가 된다. 숨겨져 있는 진실을 파헤치고 새로운 정보를 제공하거나 눈물샘을 자극하고 배꼽 빠지게 하는 서비스를 시청자에게 선사해야 한다. 제작자 개인의 목표를 실현하기 위해 콘텐츠가 존재하는 것이 아니다. 언론인으로서 사회에 영향력을 행사한다거나 제작자 개인만이 대중문화 창달을 위해 헌신하는 것처럼 생각해서는 안 된다. 사회의 변화와 새로운 대중문화의 창달은 방송 콘텐츠가 시청자의 필요를 충족시키며 서비스될 때 그 결과물로서 자연스럽게 나타나는 것이다.

시청자에게 서비스하기 위해 가장 먼저 고려해야 하는 것은 방송제작 내용을 시청자의 눈높이에 맞추는 것이다. 영상구성이 쉽게 이해될 수 있어야 하며 내용도 크게 신경을 쓰지 않아도 알 수 있는 것이어야 한다. 영상의 나열이 할아버지와 손자가 봐도, 엄마와 어린 딸이 봐도 함께 이해 할 수 있어야 한다. 내용도 대체로 수긍할 수 있는 것들로 채워져야 한다. 평균적인 내용과 객관적인 영상구성으로 평균적인 시청자들을 만족시켜야 한다는 것이다.

만약에 제작자가 자신의 주관대로 제작한다면 시청자들의 항의가 쏟아질 것이다. 제작자의 세계관과 가치관에 따라 제작자 자신만의 작품을 만든다면 그 콘텐츠는 방송될 수 없다. 평균적이고 객관적인 영상구성과 보편적인 내용을 벗어난다면 시청자는 외면할 것이기 때문이다. 온가족이 함께 보는 방송 콘텐츠로서 이미 그 존재 기반을 상실한 것이다. 제작자 자신의 색깔을 입혀 만든 것은 방송 콘텐츠가 아니라 영화에 가깝다. 영화는 감독의 작품세계를 적극적으로 해석하려는 소수의 관객들에게만 어필할 수 있기 때문이다.

따라서 방송제작은 제작자가 시청자의 필요를 면밀히 읽어서 그들의 삶을 풍족하게 할 수 있도록 서비스하는 것이다. 한번 방송된 후에 곧바로 폐기처분되는 소모품이 아니라 시청자의 뇌리에 오랫동안 기억되는 서비스로 남아야 한다.

강의실 5

기획회의 수업 중에서

주민 　교수님 저희 학교 연못 연적지에서 살고 있는 오리에 대한 다큐멘터리를 만들고 싶습니다. 오리를 보고 있으면 참 좋거든요. 제가 던져주는 먹이도 잘 받아먹고 물위에서 노는 모습이 아름다워요.

교수 　그래? 내용이 궁금해지는데…….

주민 　음… 구체적인 내용은… 학생들이 주는 먹이를 잘 받아먹는 모습, 오리들이 사이좋게 지내는 모습, 물 위에서 자맥질 하는 모습, 그리고 전체적으로 연적지의 아름다움을 오리와 함께 표현해보고 싶어요.

교수 　그래 다 좋은데, 그런 내용을 누가 볼 거라 생각하니?

주민 　글쎄요… 우리 학교 학생들?

교수 학생들이 너의 다큐를 볼까? 한번 생각해보자. 학생들이 재미있어 할까? 매일 보는 연못과 오리인데.

주민 …….

교수 아마도 학생들도 잘 보지 않을 것 같애. 당연히 일반 시청자들의 관심도 끌지 못하겠지. 주민이만이 보는 다큐가 될 가능성이 커. 너의 관심과 너만의 시점으로만 콘텐츠의 내용이 채워질테니까. 어떤 형태의 콘텐츠도 대다수의 사람들에게 서비스 될 수 있어야 해. 남녀노소 누구나 즐길 수 있어야 하는 거지. 그래서 내용도 객관적이고 평균적이어야 하는 것이고, 누구나 봐도 그 사람들에게 도움이 되는 것이어야 해. 결국 콘텐츠는 시청자들에게 서비스 되는 것이거든. 니가 기획하는 연못에 대한 이야기는 서비스라는 측면에서 많이 동떨어져 있다고 생각되지 않니?

주민 네 그런 것 같습니다. 다시 한 번 잘 생각해보겠습니다.

06 제작과정과 내용, 그 자체

마지막으로 방송제작은 방송 콘텐츠라는 완제품만을 말하는 것이 아니라 방송 콘텐츠를 만들어가는 전체 과정과 그 결과인 방송내용을 포함하여 이해해야 한다. 제작과정은 기획에서부터 섭외, 촬영, 편집, 완성원고작성, 완성녹화 등으로 나누어 볼 수 있는데, 이에 대해서는 다음 장에서 자세히 살펴보기로 한다. 다만 여러 단계를 거치는 제작과정 전체에는 분명한 기획의도가 관통되어야 한다는 것이다. 재미를 추구하든지, 감동을 주든지, 새로운 정보를 제공하든지, 아니면 숨겨진 진실을 파헤치든지 처음의 기획방향이 일관되게 작동되어야 한다는 것이다. 실제로 방송현장에서 콘텐츠를 제작하다 보면 당초의 기획의도를 놓치는 경우가 많다. 제작과정이 워낙 복잡하다보니 매 단계마다 일관되게 기획방향을 지키기가 힘들다. 성공하는 콘텐츠는 처음의 기획의도가 훼손되지 않고 살아있는 콘텐츠인 것이다.

방송제작은 제작과정의 결과로서 나타나는 방송내용을 말하기도 한다. 방송내용은 다양한 방법으로 구분할 수 있지만 대체로 드라마, 다큐멘터리, 종합구성물, 취재물 등으로 나눌 수 있다. 흔히 방송 장르라고도 하고 포맷이라고도 한다. 앞서 살펴 본 것처럼 방송포맷은 방송콘텐츠의 옷이라고 할 수 있는데 사람의 옷처럼 방송내용을 빛나게 할 수 있다. 장르적 관습을 따르게 하여 방송내용을 전문적으로 풍부하게 포장할 수 있으며, 손쉬운 구분을 통해 시청자로 하여금 쉽게 접근할 수 있게 하기도 한다. 이처럼 방송제작은 제작과정 전체를 말하기도 하고 그 결과로서 만들어지는 방송 내용 자체를 지칭하기도 한다.

강의실 6 방송기획 수업

교수 자- 여러분, 여러분들이 방송을 기획할 때 아이템을 먼저 생각하나요, 아니면 다큐멘터리로 할지, 드라마로 할지, 취재물로 할지, 혹은 뮤직비디오로 할지를 먼저 생각하나요?

다운 아무래도 아이템과 장르를 함께 생각하지 않을까요?

진경 저 같은 경우에는 장르를 생각하고 아이템을 고르는 편이에요. 예를 들면 뮤직 비디오를 한편 만들어야지 작정한 후에 아이템을 찾고 스토리를 만드는 것과 같은 거죠.

두희 저는 진경이와 반대에요. 제가 다루고 싶은 아이템을 먼저 생각한 후에 그 다음에 어떤 포맷으로 할까 결정하는 편이예요.

교수 여러분들의 생각 모두 다 맞아요. 아이템이 먼저냐, 방송

형식이 먼저냐 하는 것은 닭이 먼저냐, 계란이 먼저냐 하는 것과 같아요. 방송현장에서도 방송 포맷에 맞추어 아이템을 정하기도 하고, 아이템을 결정한 후에 콘텐츠의 옷을 찾는 경우도 있어요. 또는 동시에 두 가지를 함께 생각하는 경우도 있지요. 여기서 우리가 놓치지 말아야 하는 것은 방송내용은 어떤 옷을 입히느냐에 따라 빛나기도 하고 어두워지기도 한다는 겁니다. 예를 들어 '그것이 알고 싶다'와 같은 탐사보도 아이템에 드라마의 옷을 입힌다면 어떻겠어요? 이상하지요? 반대로 가슴 절절한 사랑이야기에 탐사보도의 옷을 입힌다면… 이것 또한 별로이지요. 자 여러분이 기획하고 있는 방송내용을 빛내줄 콘텐츠의 옷을 찾거나 그 반대로 방송포맷에 적합한 방송내용을 찾는데 많은 고민을 해보도록 합시다. 오늘 수업은 여기서 끝.

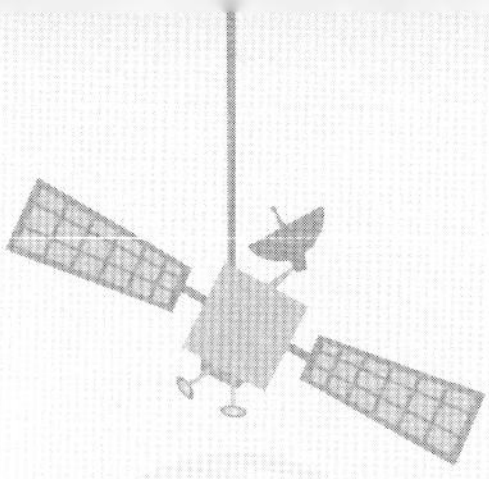

Chapter 5

방송 제작과정 탐색

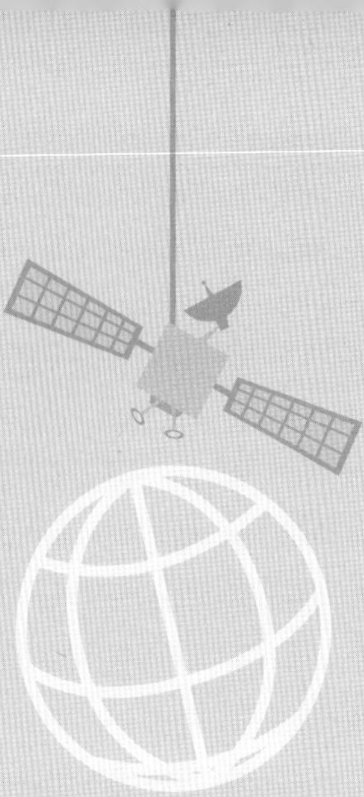

VCR 2
VCR 1
PGM
VCR 4
BR

방송제작과정은 무슨 아이템으로 어떤 이야기를 할 것인가를 정하는 것에서부터 출발한다. 제일 먼저 아이템 선정과 메시지 주제를 결정해야 하는 것이다. 그 다음으로 제작예산을 설정한 후에 다큐멘터리, 드라마, 종합구성 등과 같은 적합한 표현방식을 정한다. 그 다음은 구성안이나 대본을 작성하고, 출연자 및 장소를 섭외하고 촬영에 들어간다. 촬영된 내용을 편집하고 이를 바탕으로 완성원고를 작성한 후에 최종적으로 완성녹화를 한다. 이에 대한 구체적인 내용은 다음과 같다.

01 아이템 선정

방송제작은 아이템 선정에서부터 시작된다. 방송소재의 선택은 방송제작 전체 과정 중에서 대단히 중요한 것으로 콘텐츠 성공의 절반 이상이 이 과정에 달려 있다 해도 과언이 아니다. 따라서 신중하게 아이템을 탐색해야 한다.

아이템을 선정할 때 반드시 지켜야 할 원칙은 지금까지 보지도 듣지도 못한 새로운 것을 찾아야 한다는 것이다. 기존의 방송에서 이미 다루었던 아이템은 피해야 한다. 방송 시청 경험을 떠올려 보자. 각각의 콘텐츠마다 새롭지 않은 것이 있는가? 아이템이 새롭든지 아니면 기존의 아이템을 새로운 관점과 시각으로 새롭게 제작하든지 둘 중의 하나에 해당될 것이다. 만약에 이미 알고 있는 내용이나 그동안 시청했던 아이템이 방송으로 나온다면 아마도 채널이 돌아 갈 것이다. 따라서 지금까지 방송되지 않은 새로운 아이템을 찾거나 또는 방송되었던 아이템을 새로운 방식으로 재해석해서 새롭게 만들어야 한다.

좋은 아이템을 찾기 위한 손쉬운 방법 중의 하나는 결국 방송과 영상물을 많이 봐야 한다는 것이다. 현재 방송되고 있는 아이템들이 어떠하고 또 아이템들을 어떻게 표현하는지에 대한 모니터를 지속적으로 해야 한다. 이런 과정을 거치면서 새로운 아이템 탐색에 대한 아이디어가 나오고 기존의 아이템을 어떻게 새로운 방식으로 만들 것인가에 대한 고민도 자연스럽게 하게 된다.

예를 들면 모 방송사에서 방송된 다큐멘터리 '슈퍼 피쉬Super Fish'를 보면서 물고기에 얽힌 사람들의 이야기를 어떤 방식으로 풀어갈 것인가에 대한 혜안을 얻을 수 있다. '슈퍼 피쉬'가 나라마다 다른 물고기 어획방법이나 저장방법 등을 역사적으로 풀어내고 있다면, 이와 달리 물고기에 얽힌 경제적인 이야기를 색다르게 구성할 수도 있을 것이다. 물고기의 생산과 유통을 둘러싼 경제단위의 다양한 이야기를 풀어낼 수 있는 새로운 아이디어를 얻을 수 있다. 또한 지구상의 다양한 생물과 동물을 다루는 자연다큐멘터리를 보면서 지금까지 한 번도 다룬 적이 없는 아이템을 떠올릴 수 도 있을 것이다. 갯벌의 다양한 생태와 그것이 인간에게 주는 유익한 영향을 다룬 '갯벌은 살아 있다'를 보면서 소똥 속에 살면서 자연 친화적인 활동을 하는 '소똥가리의 세계'와 같은 새로운 아이템을 기획할 수도 있다.

아이템을 선정한 후에는 무슨 이야기를 할 것인가, 즉 콘텐츠의 주제를 정해야 한다. 예를 들어 피부라는 아이템을 선택한다고 하자. 그렇다면 피부의 어떤 부분을 어떤 관점에서 다룰 것인가를 정해야 한다. 가령 피부의 생물학적 문제를 다룰 것인가, 아니면 피부의 사회학적 속성을 다룰 것인가에 대한 판단을 해야 한다. 생물학적 측면을 탐색한다면 피부색의 문제, 피부의 구성문제, 피부와 인류 진화의 문제 등의 방향으로 이야기가 구성될 것이다. 피부의 사회적 속성에 천착한다면 피부색에 따른 권력 문제, 인종차별 문제, 사회계급의 문제 등이 주요 내용으로 구성될 수 있다. 따라서 아이템 선정 단계에서는 콘텐츠의 주요한 내용과 메시지 방향을 고려하면서 결정하게 된다.

실제 제작과정에서 아이템 선정은 콘텐츠의 주제와 긴밀하게 맞닿아 있다. 아이템을 결정하는 순간 메시지의 주제가 어느 정도 결정된다. 피부를 방송 아이템으로 선택하면서 단순히 방송대상으로서 피부만을 선택하는 것이 아니라, 피부라는 소재를 통해 무엇을 말할 것인가가 어느 정도 결정된 상태에서 아이템을 선정하는 것이다. '피부권력'이라는 방송 소재를 정하는 순간 피부를 권력의 개념으로 살펴보면서 피부의 사회학적 측면을 다룬다는 주제를 정할 수 있다. 또는 '피부색'이라는 방송 소재를 정하면서 흑, 백, 황의 피부색의 진화에 따른 인간 유전자의 변화를 탐색해본다는 주제를 정할 수도 있을 것이다.

02 제작예산

방송 콘텐츠의 완성도를 담보하는 요소 중의 하나는 제작예산이다. 제작비를 얼마로 책정하느냐에 따라 콘텐츠의 질이 결정된다. 당연히 많은 예산을 들이면 들일수록 좋은 콘텐츠가 나온다. 그러나 좋은 기획이 선행 되어야 한다는 전제가 있어야 한다. 새로운 아이템과 좋은 주제의식이 적절한 예산을 만났을 때 훌륭한 콘텐츠로 생산된다.

일반적으로 방송의 형식에 따라 제작예산은 달라진다. 다큐멘터리는 대략적으로 5천만원에서 1억 사이에서 결정된다. 국내촬영이냐 해외 촬영이냐에 따라, 컴퓨터 그래픽을 사용하는지 여부, 그리고 드라마 재연 여부 등에 따라 제작예산은 크게 달라진다.

드라마의 경우는 적게는 1억원 정도에서 많게는 무한대로 제작예산이 책정된다. 드라마 제작은 규모와 범위가 상상할 수 없을 정도로 크고 넓기 때문에 출연배우와 작가, 촬영 로케이션 등에 따라 제작예산이 많이 달라진다. 드라마는 주인공을 누구로 하느냐에 따라 예산 규모가 결정된다고 해도 과언이 아니다. 주지하다시피 배용준, 이병헌, 김태희 등 소위 톱 클래스는 편당 억대의 출연료를 가져간다. 그리고 김수현 등과 같은 톱 작가들에게도 편당 수천만의 원고료를 지불해야 한다. 이는 제작예산의 전반적인 상승을 가져오고, 출연료와 작가료 이외의 기타 제작예산은 상대적으로 낮게 책정되어 많은 문제점을 노정하고 있다.

종합구성물에 해당하는 교양과 예능 콘텐츠의 경우에는 적게는 수백만 원에서 많게는 억대의 예산이 소요된다. 종합구성물은 스튜디오 제작과 야외 제작에 따라, 그리고 출연자에 따라 제작예산이 크게 달라진다. 단순한 강의 콘텐츠가 5백만 원 안쪽에서 결정되기도 하고, 대규모 쇼 콘텐츠나 토크 콘텐츠는 억대를 넘어서기도 한다.

제작예산은 이처럼 방송형식이 무엇인가에 따라 결정된다. 제작 흐름상 제작예산과 방송형식의 결정은 연동되어 이루어진다. 어떤 방송형식으로 갈 것인가에 대한 고민도 제작예산을 얼마나 사용할 수 있는지와 같은 제작여건과 밀접한 관련을 갖게 되는 것이다.

03 구성안 및 대본 작성

종합구성물 구성안의 예 (음악세상)

순서	내 용	시간
1	타 이 틀	30″
2	MC 오프닝	01′
3	아티스트실연(해당주제에 적합한 전문아티스트의 인트로 연주. 피아노, 기타, 드럼 등 간단한 악기로.)	04′
4	스튜디오 토크 (해당 주제에 대해 패널과 토크)	05′
5	코너 1 ('쟝르,쟝르,그 쟝르'-대표적인 뮤직비디오 등을 보면서 설명 및 토크)	08′
7	스튜디오 토크 (해당 주제에 대해 패널과 토크)	03′
9	코너 2 ('리듬교실'- 간단한 타악기등을 이용하여 기존의 동요 등을 변형연주하고 배워봄으로써 해당주제의 기본리듬에 대한 이해를 높임)	05′
9	스튜디오 토크 (해당 주제에 대해 패널과 토크)	03′
10	코너 3 ('베스트 앨범'-해당쟝르의 대표적인 앨범 소개)	03′30″
11	MC 브릿지	01′
12	코너 4 ('뮤직 닥터'-시청자들의 궁금증 해소)	03′30″
13	MC 클로징	01′
14	끝 타이틀	30″
러 닝 타 임		39′00″

아이템이 결정되고 제작예산과 방송형식이 정해지면 그 다음으로 방송내용에 대한 구체적인 계획이 이루어져야 한다. 드라마의 경우에는 대본작성을 통해, 다큐멘터리와 종합구성물은 구성안 작성을 통해 콘텐츠의 구체적인 방향과 내용에 대한 설계를 하게 된다. 구성안과 대본은 콘텐츠가 어떻게 흘러가서 어떤 메시지를 주는지를 구체적으로 보여주는 콘텐츠 설계도이다. 영상이 어떻게 구성되고 내레이션은 어떤 이야기를 하는지를 보여주며 관련 전문가와 출연자들은 어떤 사람이 나오는지 등을 이 단계에서 알 수 있다.

앞의 표 '음악세상'에서 보는 것처럼 프로그램 구성안을 통해 방송 콘텐츠의 내용을 한 눈에 볼 수 있다. 전체적인 방송순서부터 시작해 각각의 구성 꼭지들이 어떤 내용으로 어떻게 진행되는지를 쉽게 알 수 있다. 살펴보면 먼저 타이틀이 30초 동안 나가고, 사회자 오프닝 멘트를 1분 정도 한 다음, 실제의 아티스트가 해당주제와 관련된 장르 음악을 약 4분간 연주한다.

그 다음에 스튜디오에서 진행되는 토크와 코너 1, 2. 3이 진행되고, 사회자 브릿지 멘트를 한 후에 해당주제와 관련된 시청자의 궁금한 점을 해소하는 코너 4가 진행된다. 마지막으로 1분간 사회자의 클로징 멘트가 이루어지고, 30초간 끝 타이틀이 나가면서 39분 동안의 방송 콘텐츠가 끝나게 된다.

다음의 표 '민족문화-격구의 부활'은 다큐멘터리 구성안의 예를 보여준다. 본격적인 다큐멘터리 구성안이라기보다는 기획 초기의 개략적인 구성안이라 할 수 있다. 이 구성안을 통해 다큐멘터리의 전체적인 내용과 흐름을 일별할 수 있다. 콘텐츠의 인트로로 동트는 새벽에 말을 타고 격구시합 하는 모습을 약 30초간 보여주고, 타이틀이 뜬 후에 약 10분 정도 민족문화로서 격구의 중요성을 살펴본다.

다큐멘터리 구성안의 예 (민족문화-격구의 부활)

순서		내 용	시간
1	인트로	새벽에 격구 시합하는 모습	30“
2	타이틀	문화유산의 해 특집 ‘민족문화-격구의 복원’	30“
3	격구의 중요성	경마문화제를 통해 국내 최초로 복원된 격구의 의미, 이를 복원한 한국전통격구협회의 실체, 그리고 마상무예복원후 격구를 복원하려는 노력이 갖는 총체적 의미를 짚어봄으로서 한민족 전통스포츠 ‘격구’의 중요성을 서론적으로 간략히 살펴본다.	10‘
4	격구란? 그리고 복원의 의미	- 격구란 무엇인가 : 일반적으로 알고 있는 영국 ‘폴로’ 와의 비교를 통해 ‘격구’의 우수성, ‘격구’의 대중화 필요성 등을 역사적 접근을 가미하여 살펴본다. - 격구복원노력이 갖는 의미 : 한국전통격구 협회 회원들이 ‘격구복원’에 참여할 수 밖에 없는 이유와 복원에 대한 집념, 그리고 그 과정 속에서 겪는 인간적인 갈등 등을 살펴봄으로서 시청자들로 하여금 사장되어 가고 있는 전통문화의 우수성, 중요성에 대한 경각심을 일깨운다.	30‘
5	전통 문화의 보존	- 전통문화의 보존,계승의 중요성: 한국전통격구협회 회원들의 의해서 복원된 ‘격구’의 의미, 그리고 ‘격구’의 대중화를 위한 노력들을 결론적으로 정리하면서 전통문화의 보존, 계승의 중요성을 시청자들로 하여금 인지하도록 유도한다.	7‘30“
			총 48‘30“

그 다음으로 약 30분 동안 격구가 무엇인지에 대해 구체적으로 살펴보고, 격구복원 노력이 갖는 의미도 짚어본다. 그리고 콘텐츠 말미에 전통문화의 보존과 계승의 중요성에 대해 7분 30초간 말하면서 콘텐츠를 끝내게 된다.

그러나 이 구성안에는 오디오, 즉 콘텐츠의 내용에 대한 개략적인 계획은 있지만 비디오, 즉 영상구성에 대한 계획은 찾아 볼 수 없다. 다큐멘터리 기획안에는 앞서 1장에서 살펴본 것처럼 내용에 대한 구체적인 계획과 영상에 대한 체계적인 계획이 모두 나타나야 한다. 마찬가지로 진행자를 포함한 출연자는 누구이며 인터뷰 대상이 되는 전문가에 대한 정보도 구체적으로 나와야 한다.

드라마 대본의 예

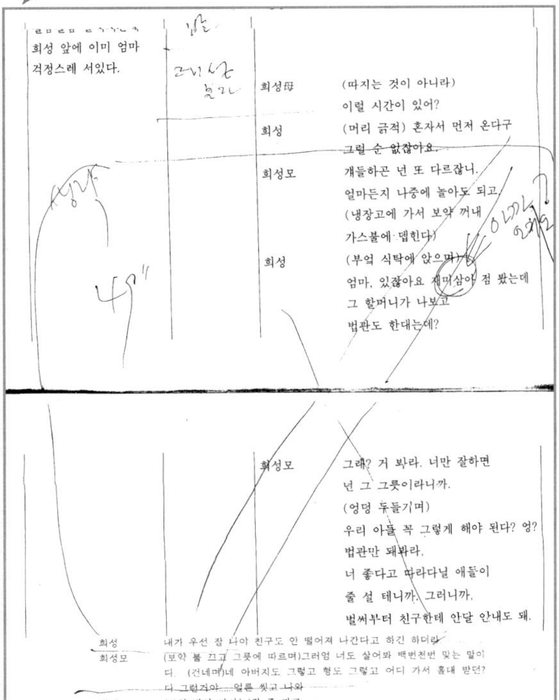

희성 앞에 이미 엄마 걱정스레 서있다.

희성母	(따지는 것이 아니라) 이럴 시간이 있어?
희성	(머리 긁적) 혼자서 먼저 온다구 그럴 순 없잖아요.
희성모	걔들하곤 넌 또 다르잖니. 얼마든지 나중에 놀아도 되고. (냉장고에 가서 보약 꺼내 가스불에 데힌다)
희성	(부엌 식탁에 앉으며) 엄마, 있잖아요 재미삼아 점 봤는데 그 할머니가 나보고 법관도 한대는데?
희성모	그래? 거 봐라. 너만 잘하면 넌 그 그릇이라니까. (엉덩 두들기며) 우리 아들 꼭 그렇게 해야 된다? 엉? 법관만 돼봐라. 너 좋다고 따라다닐 애들이 줄 설 테니까. 그러니까, 벌써부터 친구한테 안달 안내도 돼.
희성	내가 우선 잘 나야 친구도 안 떨어져 나간다고 하긴 하더라.
희성모	(보약 불 끄고 그릇에 따르며)그러엄 너도 살어봐 백번천번 맞는 말이다. (건네며)네 아버지도 그렇고 형도 그렇고 어디 가서 홀대 받던? 다 그런거야.... 얼른 씻고 나와
희성	(보약 받아 마시는)잠 좀 자고 --
희성모	(시계 보며)학원 늦으면 어쩔라고?
희성	오늘두? (후)

출처 : EBS 학교이야기 '계를 조직하다'

앞에서 예시된 드라마 대본은 촬영을 위해 최종적으로 인쇄된 대본이다. 방송현장에서 일반적으로 '책'이라 불리는 드라마 대본은 PD와 작가의 협의 아래 몇 번의 수정 본을 그쳐 최종 인쇄본으로 나온다. 대본은 출연 배우와 갖게 되는 수차례의 대본 연습을 통해서도 수정되기도 한다. 배우의 연기와 감정을 살려 실제로 연습을 하다 보면 처음의 의도와 다르게 많은 부분들이 수정된다. 위에서 보는 것처럼 최종 완성된 대본도 촬영현장에서 수정되기도 한다. 실제 촬영 현장에서 촬영하다 보면 배우의 동선에 따라, 또한 로케이션의 분위기에 따라 또 다시 수정된다.

드라마 대본에는 왼쪽의 지문과 오른쪽의 대사로 구성된다. 지문을 통해 극중 상황과 배우들의 동선 등이 나열되고 대사를 통해 배우의 감정 등이 표현된다. 드라마 대본의 첫 장에는 전체 줄거리와 드라마에 출연하는 등장인물들에 대해 간략하게 소개된다. 이를 통해 드라마 전체의 흐름을 개관할 수 있도록 한다. 또한 드라마 본문을 통해 구체적인 스토리의 진행방향과 드라마의 색깔을 알 수 있다.

이처럼 구성안과 대본은 방송 콘텐츠의 설계도로서 콘텐츠의 전반적인 내용을 파악할 수 있고, 심지어 연출자의 연출의도와 색깔까지 볼 수 있어서 콘텐츠가 성공할지 실패할지를 판단할 수 있는 좋은 근거가 된다. 제작하기 전에 이루어지는 기획서 심사에서는 구성안과 대본의 내용을 보고 제작여부를 결정하기도 한다.

04 섭외

방송제작을 위한 섭외는 크게 출연자 섭외와 장소섭외로 나누어 볼 수 있다. 모든 콘텐츠에는 연기자나 성우, 전문가, MC 등 출연자들이 반드시 등장한다. 어떤 출연자를 섭외하느냐에 따라 콘텐츠의 성공여부가 결정된다 해도 과언이 아니다. 출연자는 콘텐츠의 성격을 결정하는 간판과도 같은 것이다.

출연자의 영향을 가장 크게 받는 것은 드라마이다. 드라마의 내용과 관계없이 주연배우가 누구냐에 따라 시청률에 큰 영향을 준다. 파괴력 있는 스타 배우는 고정 팬을 확보하고 있기 때문에 일정한 시청률을 담보한다. 방송현장에서도 드라마 편성여부의 1차적 기준이 주연 배우가 누구냐는 것이다. 스토리가 조금 약해도 주연배우가 소위 톱 클래스이면 쉽게 편성이 된다.

톱클래스의 배우를 섭외하는 과정은 전쟁이라 할 만큼 치열하다. 방송사는 소속 기획사의 눈치를 봐야하고, 기획사의 요구사항을 일정부분 수용할 수밖에 없는 상황이 자주 벌어진다. 톱클래스의 배우를 출연시키는 조건으로 신인배우를 끼워서 출연하게 해달라는 요청이 일반적인 관례이다. 기획사 입장에서는 신인배우를 방송에 자주 노출시켜서 스타 배우로 키워야하기 때문이다.

드라마 편성에 영향을 주는 또 다른 중요한 섭외 대상은 작가이다. 드라마는 대본 놀음이라고 할 정도로 대본의 영향에서 자유로울 수 없다. 대본은 주연배우와 함께 드라마의 성공여부를 결정하는 가장 큰 요소 중의 하나이다. 따라서 드라마의 성공을 담보하는 몇몇 작가는 원고료가 상당히 높고 수요도 많아서 방송사나 제작사가 혈안이 되어 섭외하려 한다. 삼고초려는 말할 것도 없고 수십억원대의 계약금을 제시하기도 한다.

다큐멘터리에서는 아이템과 관련된 전문가 섭외가 상당히 중요하다. 전문가 섭외를 통해 콘텐츠 전체의 방향성에 대해 자문을 얻을 수 있고, 정확한 정보를 전달할 수 있어서 다큐멘터리의 깊이와 신뢰성을 더해주기 때문이다. 적합한 전문가를 섭외하기 위해서는 많은 공부가 필요하다. 기사 검색은 기본이고 다양한 서적 탐독과 학술 논문 섭렵을 통해 다큐멘터리의 질을 높일 수 있는 전문가를 찾을 수 있다.

전문가 섭외 이외에 다큐멘터리의 내용을 전달하는 좋은 '목소리' 즉 나레이터narrator를 찾아야 한다. 일반적으로 전문 성우들이 나레이터가 되지만 이름 있는 배우들이 '목소리'가 되어 내용을 전달하기도 한다. 잘 알려진 배우들이 많이 기용되는 이유는 정형화되어 있는 전문성우보다 친근한 느낌을 주기 때문이다. 드라마나 영화를 통해 익숙해진 유명배우의 목소리는 친밀감을 주어 내용전달을 좀 더 용이하게 하는 효과가 있다. 또한 나레이터인 배우가 다큐멘터리에 직접 출연도 하기 때문에 배우들의 섭외가 많은 편이다.

장소섭외도 방송제작에서 중요하다. 방송형식에 관계없이 방송은 영상으로 말하는 것이다. 좋은 영상구성을 통해 내용을 전달함으로써 시청자들의 주목도를 높이는 것은 기본중의 기본이다. 따라서 제작스텝들은 장소 섭외를 위해 수차례 사전답사 등을 다니며 많은 시간을 보낸다. 또한 장소섭외의 중요성 때문에 장소만을 전문적으로 섭외하는 로케이션 매니저와 회사가 따로 있을 정도이다.

좋은 영상은 1차적으로 로케이션location에 달려 있다. 힐링을 경험할 수 있는 아름다운 자연을 찾거나 인간의 지혜로 만들어진 멋지고 훌륭한 공간을 섭외하여 좋은 영상을 얻어야 한다. 똑 같은 내용도 영상 구성에 따라 다르게 받아들여지기 때문에 제작 스텝들은 장소섭외에 만전을 기한다.

드라마의 경우 주요 공간은 세트로 제작해 촬영하지만 기타 장소는 직접 섭외해야 한다. 드라마에서 장소섭외가 제일 어려운 곳은 재벌가가 사는 큰 집이나 환자들로 온종일 붐비는 종합병원이다. 로케이션 매니저의 능력을 좌우하는 기준 중의 하나가 전화 한통화로 큰 집과 병원을 섭외할 수 있느냐 하는 것이다. 드라마 제작에서 꼭 필요한 장소임에도 불구하고 섭외하기가 쉽지 않기 때문이다.

다큐멘터리와 종합구성물에서도 장소섭외는 중요하다. 다큐멘터리의 경우 장소섭외는 처음이자 끝이라고 할 만큼 그 중요성이 높다. 아마존의 눈물, 북극의 눈물, 슈퍼 피쉬, 차마 고도 등과 같이 자연과 문명을 소재로 하는 다큐멘터리는 로케이션 자체가 바로 다큐멘터리의 내용이기 때문이다. 종합구성물의 경우에도 장소섭외가 콘텐츠의 색깔을 좌지우지 하는 중요한 요소이다. 치유의 공간을 찾아 콘텐츠를 제작하는 '힐링 캠프'처럼 장소는 콘텐츠의 성격을 말해주는 대표적인 요소가 된다.

05 촬영

섭외가 이루어지면 본격적인 촬영에 들어가게 된다. 방송 제작을 위한 촬영은 크게 야외촬영, 스튜디오 촬영, 중계촬영으로 나누어 살펴볼 수 있다. 야외촬영은 대체로 1대의 카메라로 야외에서 촬영하는 것을 말한다. 물론 실험과 인터뷰를 위해 스튜디오에서도 1대의 카메라로 촬영하기도 하지만 대개의 경우 방송사 바깥에서 촬영한다. 전통적으로 ENG 카메라가 주로 사용되지만 요즈음에는 카메라의 소형화로 많게는 수십대의 카메라가 동원되기도 한다. '무한도전'이나 '런닝맨'등과 같은 주말 예능 콘텐츠에서 출연자 1인당 1대 이상의 카메라가 사용되는 것이 좋은 예이다.

방송 콘텐츠의 대부분이 야외촬영을 통해 제작되는 것은 다큐멘터리이다. 자연의 신비한 현상이나 숨겨진 진실을 밝혀내기 위해서는 사막이나 바다, 산 등의 현장, 소위 필드field로 달려가야 한다. 다큐멘터리 콘텐츠는 90% 이상이 야외에서 촬영된다. 예능 콘텐츠와 정보프로그램 등과 같은 교양 콘텐츠도 50% 이상을 야외촬영을 통해 제작한다. '1박 2일'처럼 유명 관광지를 찾아 간다거나 '생생 정보통'의 맛집을 탐방할 때 야외촬영은 필수다. 드라마의 경우도 50% 이상이 야외촬영을 통해 제작된다. 집이나 사무실 등의 공간 이외의 실외 씬은 모두 야외 로케이션을 통해 이루어지기 때문이다.

스튜디오 촬영은 세트가 있는 방송 스튜디오에서 이루어지는데 기본적으로 카메라가 3대 이상 동원된다. 경우에 따라 지미짚과 달리dolly가 추가되며 많게는 10대 이상의 카메라가 사용되기도 한다. 가요순위 콘텐츠의 경우가 이에 해당하는데 가수 그룹의 현란한 춤과 관객들의 역동적인 반응을 잡아내기 위해 많은 카메라가 동원된다. 스튜디오 촬영은 대부분의 교양 콘텐츠와 예능 콘텐츠 제작에서 이루어진다. '아침마당'과 같이 스튜디오에서의 토크가 주를 이루는 콘텐츠와 시사 토론 콘텐츠, 그리고 '스타킹', 'K-POP 스타' 등과 같은 예능 콘텐츠들이 스튜디오 촬영을 통해 만들어진다. 물론 대부분의 교양물과 예능물은 스튜디오 촬영과 야외 촬영을 병행한다. 사회자와 출연자가 스튜디오에서 야외촬영을 통해 만들어진 인서트insert 화면을 보면서 프로그램을 진행하는 것이 스튜디오 메이킹 콘텐츠의 일반적인 제작방식이다.

중계촬영은 방송사의 부조정실과 똑같은 시설이 갖추어진 이동형 차를 통해 스포츠 중계나 공연 콘텐츠 등을 촬영 녹화하는 것을 말한다. 프로야구나 프로축구 등 스포츠 경기를 현장감 있게 안방에 전달할 때, 또는 오페라나 뮤지컬 등 대규모의 공연물을 촬영할 때, 그리고 서울시청 앞 광장 등에서의 각종 이벤트 등을 녹화할 때 중계촬영이 이루어진다. 소수의 카메라로 촬영하는 야외촬영이나 스튜디오에서의 촬영이 불가능한 현장감 넘치는 대규모 이벤트 촬영의 경우에 중계차를 이용해 영상을 담게 된다. 중계차에는 카메라를 다수 탑재할 수 있어 다양한 각도에서 다양한 영상을 촬영할 수 있다. 또한 중계차의 부조정실 시설을 이용해 현장에서 곧바로 각 가정에 콘텐츠를 전달 할 수 있는 생방송도 가능하다.

06 편집

촬영이 끝나면 방송제작의 후반작업에 해당하는 편집을 하게 된다. 편집editing이란 야외 촬영이나 스튜디오에서 녹화한 내용을 비디오와 오디오로 나누어 삽입, 첨가, 삭제 등을 하는 작업을 말한다. 편집은 찢어진 종이그림을 풀로 붙이는 작업이라고 쉽게 생각할 수 있다. 컷

cut과 컷을 어떻게 연결하느냐가 키포인트다. 몇 초, 또는 몇 프레임frame으로 잘라 붙일 것인지, 움직이는 컷과 정지 컷을 어떻게 연결할 것인지, 슬로우slow 모션과 페스트fast 모션을 사용할 것인지 등에 대해 고민하게 된다.

편집 방식에 따라 일대일 편집과 넌리니어non-linear, 즉 비선형 편집으로 나눌 수 있다. 일대일 편집은 촬영한 원본 영상을 연출자의 의도에 맞게 필요한 내용을 컷cut 편집을 통해 추려내는 것을 말한다. 일반적으로 두 대의 편집기를 사용해 방송에 사용될 영상을 1차적으로 정리하기 때문에 일대일 편집이라고 하며 컷 편집으로 영상을 순차적으로 정리 할 수 있기 때문에 선형 편집이라고도 한다.

넌리니어 편집은 컴퓨터의 편집 소프트웨어를 사용하여 컷 편집이외의 디졸브dissolve나, 페이드fade 등과 같은 다양한 편집효과를 낼 수 있고 순차적 편집 뿐 만 아니라 비순차적 편집도 가능하다. 영상편집을 선형적 순서에 관계없이 비디오와 오디오를 자유자재로 점핑하면서 편집할 수 있기 때문에 비선형 편집이라고도 한다. 대체로 아비드Avid나 파이널 컷 프로Final Cut Pro, 프리미어Premiere 등의 편집 소프트웨어를 이용하여 편집한다. 요즈음은 편집 프로그램의 발달로 영상 편집 이외의 음악 믹싱작업과 내레이션, 자막도 넣을 수 있어 완성편집도 가능하다.

편집은 방송제작의 후반 작업과정에서 콘텐츠의 성패를 좌우할 정도로 중요하다. 촬영과정에서 부족한 부분이 있더라도 편집을 통해 보충할 수 있다. 또한 연출자의 세계관과 가치관이 그대로 드러나기도 한다. 같은 촬영 원본을 가지고 다수의 연출자가 편집해보면 연출자의 색깔에 따라 완전히 다른 편집 결과물이 나온다. 따라서 편집은 예술이면서 과학이다. 영상 컷을 어떤 호흡으로 어떻게 편집하느냐에 따라 콘텐츠의 색깔이 달라지기 때문이다.

07 완성원고 및 대본

촬영과 편집이 끝나면 영상에 삽입할 내용, 즉 원고를 작성해야 한다. 시청자에게 최종 송출될 방송내용을 완성하는 과정은 방송 표현 형식에 따라 조금씩 다르다. 크게 다큐멘터리, 종합구성, 드라마로 나누어 살펴볼 수 있다.

먼저 다큐멘터리의 경우에는 완성원고를 작성하기 전에 이미 촬영 구성안과 1차 편집을 위한 편집 구성안을 만들어 놓았기 때문에 어떤 내용으로 원고를 작성해야 할지에 대한 대체적인 계획은 마련되어 있다. 물론 섭외와 촬영, 편집 과정을 거치면서 처음의 기획 방향과 약간 다르게 흘러가더라도 구성의 전체 뼈대는 그대로이기 때문에 원래의 기획방향에 맞게 세부적인 내용을 완성하면 된다. 여기서 한 가지 짚고 넘어갈 것은 다큐멘터리 작가의 공덕이다. 편집구성안을 작성하기 위해 작가는 수많은 촬영 테입을 모니터해야 한다. 작게는 10개 안쪽에서부터 많게는 수백개의 테입을 꼼꼼히 봐야 하는데 그 과정은 지난하면서도 힘들다. 메인 작가뿐만 아니라 보조 작가도 함께 달라붙어 다큐멘터리의 정수를 뽑아내기 위해 안간힘을 쓴다. PD는 이러한 과정을 거쳐 만들어진 편집 구성안을 바탕으로 방송용 편집 본을 만들게 된다.

이제 작가는 방송용으로 완성된 편집 본을 보면서 구체적인 내레이션을 작성한다. 모든 영상에 내용 즉 내레이션을 빈틈없이 입히는 것은 세련된 원고 작성 방법이 아니다. 처음부터 내용만 계속 풀어내는 것이 아니라 내레이션 없이 영상과 음악만으로도 훌륭한 메시지를 전달할 수 있다. 내레이션을 뺏다 넣었다 하면서 적절한 호흡을 유지하는 것이 좋다. 영상미와 내레이션의 균형을 유지해야 한다.

다큐멘터리 원고작성을 할 때 또 다른 주의 사항은 영상으로 알 수 있는 내용을 내레이션으로 처리하면 안 된다는 것이다. 영상만으로 충분히 내용을 전달할 수 있음에도 불구하고 이를 다시 글로 표현하면 전체 콘텐츠의 완성도를 떨어뜨리게 된다. 같은 말을 중언부언함으로써 시청자들에게 외면 받을 필요가 없다.

종합구성의 경우 다큐멘터리와 달리 편집된 영상을 보고 원고를 작성하는 것이 아니라 작성된 원고대로 스튜디오 녹화를 하기 때문에 이미 완성된 원고를 가지고 있다. 물론 미리 촬영한 인서트 꼭지는 다큐멘터리처럼 원고를 작성하기도 한다. 예를 들어 S사의 '동물농장'처럼 스튜디오에서의 진행은 이미 작성된 원고로 녹화하고, 동물들의 야외촬영 꼭지, 즉 인서트 화면은 다큐멘터리와 같은 방식으로 원고를 작성하여 내레이션을 입힌 것이다. 인서트 꼭지가 없는 대부분의 종합구성 교양물은 사전에 작성한 완성원고를 바탕으로 녹화하게 된다.

드라마의 경우는 완성된 대본을 가지고 촬영하기 때문에 촬영과 원고작성의 순서가 다른 형태의 표현형식과는 다르다. 드라마 대본을 작성하기 위해서 먼저 주제를 정한다. 예를 들어 백혈병을 앓는 어느 소녀의 사랑이야기를 드라마의 주제로 정한다. 그런 다음 주인공 소녀의 상대인 남자 주인공을 정하고 이들 주변의 인물들을 만든다. 드라마에 출연하는 등장인물들을 설정한 후에 각각의 인물들에 캐릭터를 부여한다. 여 주인공은 병을 앓고 있지만 명랑하고 괄괄한 성격을 부여하고 남자 주인공은 반대로 수줍음을 많이 타는 내성적인 성격으로 묘사한다. 그 외의 인물들에는 '코믹형, 수다형, 바보형, 천재형' 등과 같은 캐릭터를 부여하여 등장인물들의 성격을 입체적으로 구성한다.

드라마 대본작성에서 중요한 것 중의 하나가 이처럼 등장인물의 캐릭터와 그들의 관계를 설정하는 것이다. 그 다음에는 기상천외하고 재미있는 사건을 만들어 등장인물들이 사랑하고 갈등하고 해결하는 등의 이야기 구조를 만들게 된다. 드라마에서 흔히 볼 수 있는 이야기 속에는 시청자의 몰입을 유도하는 다양한 장치가 숨겨져 있다. 갈등구조가 대표적인 장치이며 이외에도 주인공을 괴롭히는 악인이 반드시 등장하고 출생의 비밀과 불치병 등이 설정되기도 한다. 또한 이야기 전개를 예상할 수 있도록 유도하고 결과를 예측하게도 하는 '씨뿌리기와 거두기', 착한 사람과 나쁜 사람을 반드시 등장시키는 '콩쥐팥쥐론시나리오 가이드, 1999' 등이 시청을 유도하는 대표적인 장치이다.

08 완성녹화

방송 콘텐츠 제작의 최종단계는 완성 녹화이다. 완성녹화란 이미 편집된 영상 편집 본에 음악과 자막, 효과, 내레이션 등을 삽입하여 시청자들이 방송 콘텐츠를 볼 수 있도록 최종적으로 방송 콘텐츠를 만드는 작업을 말한다. 완성 녹화는 크게 두 가지 방식으로 이루어진다. 스튜디오와 연결된 부조부조정실에서 완성하는 경우가 있고, 다양한 장비가 설치된 편집실에서 이루어지기도 한다.

스튜디오에서의 완성녹화는 대체로 생방송 형태로 이루어진다. 시사토론 콘텐츠나 뉴스, 아침 생방송 등이 그 예이다. 방송에 필요한 모든 요소를 사전에 준비해 놓고 녹화와 동시에 각 가정에 송출하는 방식이다. 연출 스텝과 기술 스텝 뿐 만 아니라 음악 및 효과 감독, 성우 등 수십 명의 방송 인력이 부조에서 완성 작업에 참여한다. 생방송이 이루어지는 부조는 말 그대로 전쟁판과 같은 긴장감이 감돈다. 약간의 실수도 큰 방송사고로 이어지기 때문에 모든 스텝들은 연출자의 콜Call에 일사분란하게 움직인다.

중계차를 이용한 중계녹화도 이러한 방식으로 완성 녹화가 이루어진다. 중계녹화는 공연장이나 운동장 등과 같은 야외에서 이루어지기 때문에 카메라 위치를 정하는 것이 매우 중요하다. 사전 답사를 통해 촬영대상의 동선과 무대 규모 등을 면밀히 검토한 후에 카메라 대수와 위치를 정하게 된다. 실제로 대형 공연물을 녹화할 경우에는 사전 리허설을 통해 일어날 수 있는 모든 상황을 체크한다. 야구와 축구 등과 같은 스포츠 경기의 경우에도 카메라 케이블 선과 오디오 시스템에 대해 꼼꼼히 체크한 후에 방송 사고를 미연에 방지한다.

편집실에서의 완성녹화는 일반적으로 야외촬영을 중심으로 이루어지는 방송 콘텐츠들이 그 대상이 된다. 몇 차례의 편집과 내레이션 삽입을 통해 만들어진 내용을 소스로 해서 자막 작업과 음악 작업 뿐 만 아니라 복잡한 이펙트effect 작업을 통해 최종 완성녹화를 하게 된다. 스튜디오에서의 완성작업과 다른 점은 편집실에서는 훨씬 다양하고 복잡한 이펙트 작업을 할 수 있다는 것이다. 편집실에는 스위쳐를 중심으로 다양한 비디오 이펙트를 만들 수 있는 장비들이 많다. 이를 이용해서 영상과 자막에 다양한 효과를 발생시켜 색다른 콘텐츠를 제작할 수 있다. 출연자가 많거나 대규모의 세트 촬영이 필요한 경우에는 스튜디오에서 완성 작업을 하고, 야외 촬영이 중심이 되는 다큐멘터리나 드라마의 경우에는 편집실에서 적절한 비디오 이펙트를 사용하면서 완성 작업을 할 수 있다. 물론 스튜디오에서 1차 녹화된 콘텐츠도 편집실에서 완성 녹화되기도 한다.

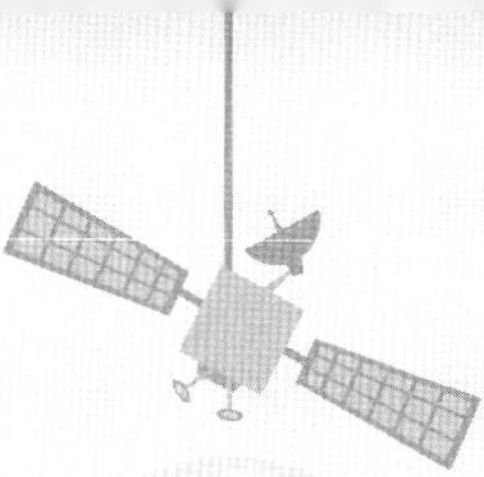

Chapter 6

제작 맛보기

이 장에서는 제작현장에서 일어날 수 있는 실수들을 최소화하기 위해 콘텐츠를 제작할 때의 주의할 점이나 제작 노하우를 중심으로 살펴본다.

01 야외촬영

앞서 살펴 본 것처럼 야외 촬영은 1대의 카메라로 스튜디오가 아닌 야외에서 촬영하는 것을 말하는데, 여기에서는 실제 제작을 위한 촬영 테크닉을 중심으로 알아본다.

1. 카메라 일반

일반적으로 방송 콘텐츠 제작을 위해 사용하는 카메라는 ENG이다. ENG는 Electronic News Gathering의 약자로 일본에서 뉴스 취재용으로 개발되었다.

당시 사용되고 있던 카메라보다 작아서 이동이 용이할 뿐 만 아니라 화질도 뛰어나 예능 프로그램과 일반교양 프로그램, 그리고 드라마 제작에 사용되기 시작하면서 방송제작 전문 카메라로 자리매김했다.

그러나 ENG 카메라도 카메라의 소형화 추세 때문에 입지가 좁아지고 있다. 가정용 캠코더로 개발된 8미리mm 및 6미리 카메라의 이동성, 밀착성, 은밀성 등의 장점으로 인해 소형 카메라가 방송제작 현장에서 많이 사용되고 있다. 가정용 비디오, 소위 캠코더로 찍은 화면으로 대중에게 어필하게 된 것은 1972년경 미국의 존 알퍼트John Alpert에서 처음 시작되었다. 당시 뉴욕 택시기사였던 그는 노동조합 활동을 가정용 비디오로 촬영하여 미국 사회에 반향을 일으킨 후에 서양인으로서는 최초로 쿠바의 카스트로를 인터뷰하여 일약 세계적인 비디오 저널리스트가 된다. 미국 CBS PD이었지만 방송사를 나와 캠코더로 팔레스타인 난민들의 이야기를 방송용으로 제작한 마이클 로젠블럼Michael Rosenblum, 그리고 세계적인 마약 왕 쿤사를 취재한 일본인 저널리스트 노나까 등도 소형카메라의 방송 현장 진입에 크게 한 몫 하였다.

현재 방송현장에서는 SD 메모리얼 카드가 장착된 다양한 종류의 소형 카메라를 비롯해 뛰어난 화질 때문에 선호되고 있는 DSLRDigital Single Lens Reflex camera 등도 많이 사용되고 있다. 녹화 테입의 굵기에 따라 16미리, 8미리, 6미리로 구분되던 카메라의 종류도 이제는 SD 카드를 중심으로 한 메모리얼 기술의 발달로 인해 사라지고 있다. 여기에서는 ENG 카메라 이외의 작은 카메라를 통칭하여 소형 카메라로 용어를 통일하여 사용한다.

2. 카메라 워킹(working)

카메라 워킹은 영상을 제작하는 카메라 운용방식이라고 할 수 있는데 방향과 위치, 크기 등에 따라 다음과 같이 나누어 볼 수 있다.

- Pan Left-Right : 카메라를 좌우로 회전하여 촬영하는 것을 말한다. 일반적으로 트라이포드tripod와 같은 중심축을 중심으로 회전시켜 촬영한다.
- Tilt Up-Down : 카메라를 위 아래로 움직이면서 촬영하는 것을 말한다. 마찬가지로 트라이포드 등과 같은 중심축을 중심으로 움직이면서 촬영한다.
- Zoom In-Out : 카메라의 줌 버튼을 사용하여 피사체의 크기를 조정하며 촬영하는 것을 말한다.
- Dolly In-Out : 레일을 이용하여 카메라 자체가 앞뒤로 움직이며 촬영하는 것을 말한다. 줌 워킹이 렌즈의 조정을 통해 촬영한다면 달리는 레일위의 카메라가 직접 이동하며 촬영한다는 차이가 있다.
- Boom Up-Down : 지미짚Jimmy Jib이나 크레인Crane 등의 장비를 이용하여 카메라를 위아래로 이동시키며 촬영하는 것을 말한다. 틸트 워킹보다 움직임이 훨씬 크다.

촬영되는 영상의 크기에 따라 다음과 같이 구분한다.

- Full Shot (F.S) : 가장 큰 사이즈의 영상으로 풍경이나 건물 등의 전체적인 샷을 말한다.
- Medium Shot (M.S) : 중간 사이즈의 영상으로 풀 샷 보다는 작고 클로즈 업 보다는 큰 영상을 말한다. Group Shot도 미디엄 샷에

포함시키기도 한다.

- Close Up (C.U) : 가장 작은 사이즈의 영상으로 사물과 인물 등의 특정 부위를 구체적으로 촬영한 영상을 말한다. 익스트림Extreme 클로즈업은 극단적으로 작은 부분을 촬영한 영상이다.

사람 수에 따라 1 Shot(1S), 2 Shot(2S), 3 Shot(3S)으로 구분하기도 한다. 또한 사람을 촬영할 때 사이즈와 방향에 따라 다음과 같이 구분한다.

Knee Shot (K.S) : 무릎에서 머리까지의 사이즈로 촬영한 샷이다. 세 사람 이상의 그룹 샷을 촬영할 때 많이 사용한다.

Waist Shot (W.S) : 허리부터 머리까지의 샷으로 리포터나 기자가 방송 멘트를 할 때 주로 볼 수 있는 사이즈이다.

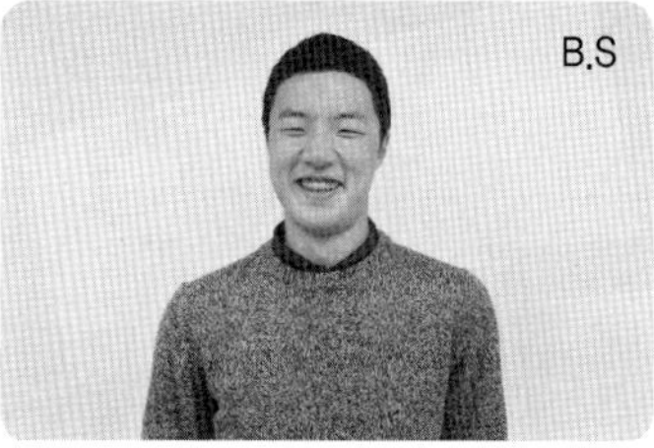

Bast(Breast) Shot (B.S) : 가슴부터 머리까지의 샷으로 앉아서 진행하는 토크 등의 프로그램에서 많이 볼 수 있다.

Close Up (C.U) : 대체로 목 부근부터 머리까지의 크기인데 대표적인 예로 드라마에서 갈등이 심화될 때 인물 표정을 중심으로 촬영한 샷이다.

이상의 카메라 워킹을 이용하여 실제로 스튜디오에서 녹화한 방송 콘텐츠 콘티continuity의 예를 살펴보면 다음과 같다.

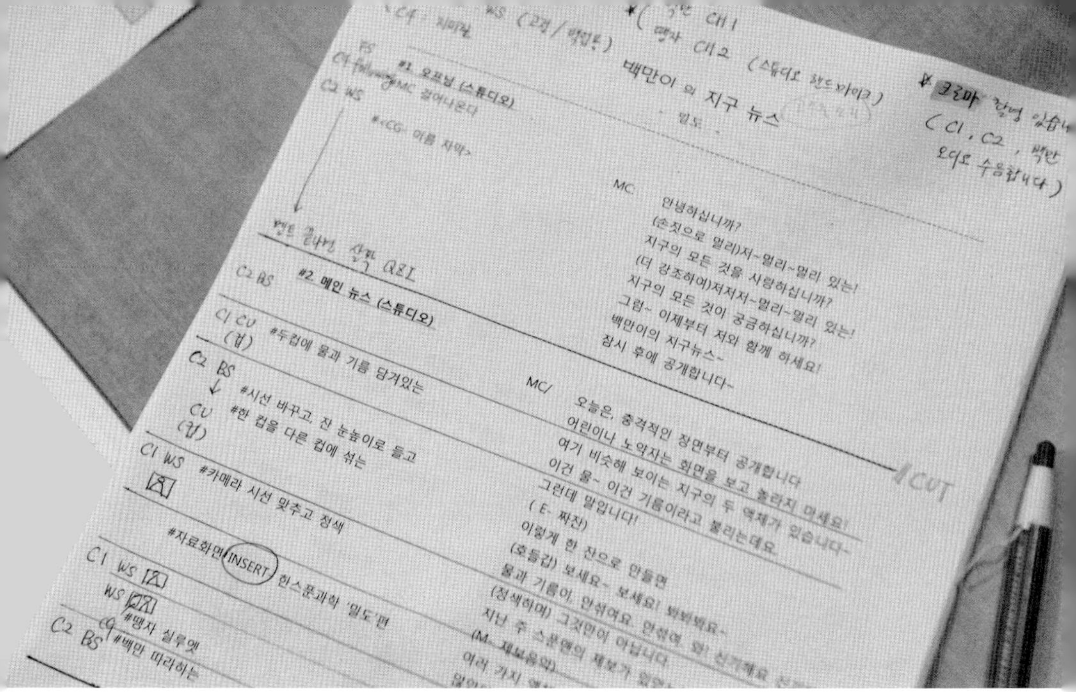

Eye Room : 피사체의 시선과 같은 방향에 일정한 공간을 두는 것을 말한다. Nose Room 이라고 하기도 한다. 왼쪽 사진에서 두 번째 사진이 적절한 Eye Room을 보여주고 있다.

Head Room : 인물의 머리 쪽에 일정한 공간을 두는 것을 말한다. 마찬가지로 위에서 두 번째 사진이 적당한 Head Room의 예가 된다.

이외에도 카메라 워킹과 관련해 알아 두어야 할 것은 다음과 같다.

이미지 라인Image Line : 드라마 등을 제작할 때 등장인물들 간의 시선을 일치시키는 것을 말한다. 예를 들어 야외에서 두 사람이 대화를 하는 장면을 떠올려 보자. 풀 샷으로 두 사람, A 남성과 B 여성의 대화 장면을 남성의 오른쪽 어깨와 여성의 왼쪽 어깨 쪽에서 촬영했다면, 여성 B를 촬영할 때에는 남성 A의 오른쪽 어깨 쪽에서 촬영해야 서로 마주 보는 시선으로 일치하게 된다. 마찬가지로 남성 A를 촬영할 때에는 여성 B의 왼

쪽 어깨 쪽에서 촬영해야 시선의 일치를 가져올 수 있다. 이와 같이 남성 A의 오른쪽 어깨에서 여성 B의 왼쪽 어깨에 이르는 선을 이미지 라인이라 하는데, 이 선 안에서 촬영해야 시선의 일치를 이룰 수 있다. 만약에 이 선을 넘어 촬영하게 되면 시선이 맞지 않아 재촬영해야 한다.

더블 액션 Double Action : 등장인물들 간의 동작의 일치를 말한다. 예를 들어 두 사람이 커피를 마시며 대화를 나누는 상황에서 여성 A가 커피를 마시며 남성 B에게 이야기한다고 가정해 보자. 여성 A를 찍을 때에 커피를 마셨다면 남성 B를 촬영할 때에도 여성 A는 똑 같이 커피를 마셔야 한다. 아래의 사진에서처럼 커피를 먹는 동작이 일치하게 되는 것이다. 만약에 커피를 마시지 않는다면 완전히 다른 상황이 되어 편집을 할 수 없다.

- **화이트 밸런스**White Balance : 카메라가 가장 최적의 상태로 피사체의 색을 재현할 수 있도록 흰색을 기준으로 색의 균형을 잡아주는 것을 말한다. 흰색을 제대로 재현하면 다른 색도 적확하게 재현할 수 있기 때문이다. 야외, 사무실안, 낮, 밤 등과 같이 촬영 상황이 각기 다르기 때문에, 즉 색의 온도가 다르기 때문에 각각의 상황에 맞게 흰색의 톤을 조정해야 한다. 촬영 상황이 바뀔 때 마다 흰색 보드나 흰색 종이 등을 이용해 화이트 밸런스를 잡아 주어야 한다. 카메라 뷰파인드 안에 흰색이 가득 차도록 줌 인 한 후에 포커스를 맞추어 조정한다. 방송현장에 가면 야외 촬영 전에 카메라 조수가 흰색 보드나 종이를 들고 카메라 앞에 서 있고 카메라 감독이 카메라로 화이트 밸런스를 맞추는 장면을 쉽게 목격할 수 있다.

3. 카메라 촬영 테크닉

여기에서는 소형 카메라를 중심으로 촬영 테크닉에 대해 알아본다. 일반적으로 카메라는 오토auto로 설정한 후에 촬영하면 대체로 좋은 영상을 얻을 수 있다. 카메라에 장착된 다양한 기능을 계획 없이 조작하여 사용하다 보면 정작 원하는 영상을 촬영할 수 없다. 카메라를 단순하게 사용할 필요가 있는데, 전반적으로 모든 기능을 오토로 놓고 촬영하면 큰 무리 없이 영상을 제작할 수 있다. 다만 다음과 같은 몇 가지 경우에는 주의하도록 하자.

(1) 포커스(Focus)를 수동으로 설정해야 하는 경우

- **인터뷰를 할 경우** : 대부분의 영상 콘텐츠에서는 전문가나 출연자의 인터뷰 장면이 많다. 인터뷰를 할 때에는 사람의 눈에 포커스

를 맞춘 다음 원하는 영상 사이즈로 만들어 촬영하면 선명한 그림을 얻을 수 있고 인터뷰 내용도 잘 전달된다.

- **걸고 찍을 경우** : 일반적으로 사람의 어깨를 걸고 반대편에 있는 사람을 촬영할 경우(O/S, Over shoulder Shot)에는 포커스를 반대편 사람에 맞추어 촬영한다. 사무실에서 컴퓨터 모니터를 걸고 사람을 촬영할 때, 또는 꽃병 등을 걸고 촬영할 때에도 사람에 포커스를 두고 촬영해야 한다.

- **피사체 앞에 움직이는 물체가 있을 경우** : 자동차가 지나다니는 길 건너편에 있는 출연자를 촬영할 때에는 사람에 포커스를 맞추어 촬영해야 한다. 포커스를 오토로 놓고 촬영하게 되면 차가 지나갈 때 마다 포커스가 차로 맞춰지기 때문에 출연자를 제대로 촬영할 수 없게 된다. 마찬가지로 명동 거리의 수많은 인파 속에 있는 주인공을 촬영할 때에도 움직이는 사람들을 피해 주인공에 포커스를 맞추면 된다.

- 이외에도 피사체를 한쪽으로 몰아서 촬영하거나, 너무 밝은 곳이나 어두운 곳에서 촬영할 때, 블라인드처럼 옆줄이 많은 피사체를 찍을 때에도 포커스를 수동으로 놓아야 한다.

(2) 일반적인 주의 사항

- 카메라에 익숙하지 않은 상태에서 줌인이나 줌아웃 등과 같은 카메라 워킹은 되도록 하지 않는 것이 좋다. 소형 카메라로 촬영할 때 대개의 경우 너무 쉽게 생각하여 카메라 워킹을 함부로 할 때가 많다. 촬영이 몸에 익을 때까지는 한 장면씩 컷으로 촬영하는 것이 훨씬 깔끔하고 좋은 영상을 얻을 수 있다.

- 인터컷intercut 촬영을 습관화 한다. 인터컷이란 영상을 구성하는 주요한 컷main cut 이외에 보충이 되는 컷을 말한다. 예를 들면 강의실 수업을 촬영한다고 할 때 교수와 학생들이 주요한 컷이라면 책상위에 놓인 책, 연필, 책가방, 필통, 시계, 분필 등이 인터컷에 해당된다. 인터컷을 찍어야 하는 이유는 편집할 때 주요한 컷을 잊어버리고 촬영하지 못했을 경우 인터컷을 사용하여 편집하면 더욱 풍부한 영상구성을 할 수 있기 때문이다. 리액션reaction 컷도 습관적으로 촬영하는 것이 좋다. 리액션은 피사체의 반응을 말하는데, 인터뷰 할 때 인터뷰 대상자의 말을 듣고 있는 리포터의 반응이나, 교수의 강의에 일정한 반응을 하는 학생들의 모습 등이 이에 해당한다.

- 가능하면 트라이포드를 사용하여 촬영한다. 손으로 들고 찍는 것 보다 안정적인 영상을 얻을 수 있다. 들고 찍을 때에도 흔들리지 않게 주의하여 촬영해야 한다. 촬영 후에 큰 화면으로 보면 안정적으로 찍었다고 생각한 영상도 크게 흔들려서 촬영된 경우를 종종 발견하게 된다. 따라서 트라이포드 사용을 원칙으로 하고, 들고 찍더라도 지형지물을 이용하여 흔들림을 최대한 방지하도록 한다.

- 화면 중에 유난히 빛나는 물체에 주의하여 촬영한다. 예를 들어 인터뷰 때에 뒤 그림으로 놓아둔 화병에 햇빛이 반사되어 반짝인다든지, 옷깃의 브롯지 등이 빛날 때에는 방향을 틀거나 빛나는 물체를 제거한 후에 촬영한다.

- 흐린 날에도 역광과 순광이 있으므로 주의하여 촬영한다. 이외에도 들고 찍을 때 카메라 수평에 집중하고, 조명을 사용할 경우

에는 같은 공간에서는 일관되게 사용하여야 한다. 한번 조명을 사용하면 같은 공간에서는 계속해서 같은 톤을 유지하며 사용해야 한다.

이외에도 촬영할 때에는 헤드폰을 반드시 착용하여 오디오를 항상 체크한다. 또한 양쪽 눈을 모두 사용하면서 촬영하고, 렌즈에 묻은 먼지는 수시로 닦아 내어야 한다. 녹화단추가 눌러졌는지 꺼져 있는지를 항상 체크하는 습관도 가져야 한다.

(3) 상황에 따른 촬영 요령

인터뷰

- 빛의 방향을 고려하여 촬영한다. 얼굴을 빛의 방향 쪽으로 유도한 후 촬영하는데 이때 측광도 가능하다.
- 촬영될 화면 중에서 얼굴이 가장 밝게 나오도록 한다. 뒤 배경이 너무 밝으면 인물의 얼굴이 검게 나와 좋은 영상을 얻을 수 없다. 실내의 경우 흔히 벽면이 흰색 계통인 경우가 많은데 책장 쪽으로 방향을 돌려서 찍는 등 흰색 벽면을 피해서 촬영해야 한다.
- 항상 트라이포드를 사용해야 하며 오디오는 카메라에 장착된 프런트 마이크를 가급적 사용하지 않는 편이 좋다. 핸드 마이크나 와이어리스Wireless 마이크를 사용하여 깨끗한 소리를 수음한다.

사무실 스케치

- 실내의 모든 조명을 켠다. 이는 노출 부족을 방지하고 바깥과의 노출 차이를 줄여 이상적인 촬영이 되도록 하기 위해서이다.

- 블라인드나 커튼 등을 내려 창밖의 자연광을 차단하여 찍는 것이 좋다. 대개의 경우 외부의 자연광은 실내보다 세기 때문에 자연광을 차단하지 않고 촬영하면 노출 조정에 애를 먹는다.
- 역광을 방지하기 위해 가능하면 창을 등지고 촬영한다.

가정집 촬영

- 사무실 스케치와 마찬가지로 실내의 조명을 모두 켜야 한다. 가정집은 대낮에도 노출이 부족하기 때문이다. 노출이 부족하면 화면 입자가 거칠어져서 좋은 영상을 얻을 수 없다.
- 방안을 촬영할 때에도 창문의 커튼을 내려서 자연광을 차단하고 창을 등지고 촬영한다.
- 실내가 좁은 가정집도 많기 때문에 광각렌즈를 준비한다. 광각렌즈는 좁은 곳을 넓게 보이도록 촬영하는데 유용하게 사용된다.

(4) 좋은 영상을 얻기 위한 촬영 테크닉

촬영의 3요소사이즈, 포지션, 앵글을 지키며 촬영한다. 찍어야 할 상황을 촬영의 3요소에 변화를 주면서 다양하게 찍어서 촬영된 영상의 경우의 수를 늘려 풍부한 그림을 얻도록 해야 한다.

- 사이즈size의 변화 : 찍고자 하는 상황을 풀 샷full shot, 미디엄 샷medium shot, 클로즈 업close up 등의 영상 사이즈에 변화를 주면서 촬영한다. 같은 상황을 3가지의 사이즈로 다양하게 촬영하면 좋은 그림을 얻을 수 있다.
- 포지션position의 변화 : 피사체를 다양한 위치에서 촬영한다. 강의실 상황을 촬영한다고 할 때 한쪽 방향에서만 촬영한 것 보

다 좌, 우, 위, 아래 등 다양한 위치에서 촬영하면 입체적인 영상을 얻을 수 있다.

- 앵글angle의 변화 : 카메라의 높낮이에 변화를 주어 촬영한다. 소형 카메라는 ENG 보다 앵글의 변화를 주기가 쉽다. 가볍기 때문에 위 아래로 변화를 주면서 촬영하여 독특한 영상을 얻을 수 있다. 심지어 누워서 촬영할 수도 있어 다양한 그림을 얻을 수 있다.

한마디로 카메라를 든 사람은 부지런해야 한다. 같은 상황을 촬영의 3요소를 지키면서 촬영하기 위해서는 부지런히 뛰고 움직여야 한다. 촬영의 3요소에 변화를 주며 촬영하게 되면 같은 상황에 대해 다양한 그림을 얻을 수 있어 수월하게 편집할 수 있고, 영상미학을 충분히 생각하면서 최적의 영상구성을 실현할 수 있다.

내용오디오 중심으로 촬영한다. 촬영하다 보면 좋은 그림을 얻기 위해 영상만 생각하다가 오디오를 놓치는 경우가 많다. 예를 들어 중요한 토론회의 경우 일반적인 영상구성을 위해 컷을 끊어서 촬영하다가 중요한 내용을 찍지 못하거나, 콘서트를 찍을 때 음악 오디오가 끊어져 촬영되기도 한다. 오디오가 중요한 상황이라고 판단될 때에는 끊지 말고 내용을 생각하면서 롱 테이크로 계속 촬영한다. 내용 중심으로 찍은 다음에 편집을 위해 필요한 컷을 보충 촬영한다. 모든 영상은 내용이 없으면 고무줄 없는 팬티와 같다. 따라서 거리 스케치를 할 때에도 차 소리 등과 같은 소음이 반드시 있어야 한다.

사람만 찍지 않도록 한다. 촬영하다 보면 사람만 찍는 경우가 많은데 좋은 영상을 얻기 위해서는 사람이외의 다양한 사물들을 촬영해야 한다. 공원에 소풍 나온 가족들을 촬영할 경우, 가족들의 모습 이외에 공원에서 놀고 있는 강아지, 하늘을 나는 풍선, 잔디 위를 구르는 축구공, 나무위의 새들 등과 같이 가족 소풍을 풍부하게 하는 그림들을 촬영하여 입체적인 영상을 얻도록 해야 한다.

02 스튜디오 녹화

스튜디오 녹화에서는 부조[부조정실]에서의 역할과 카메라맨의 역할, 출연자의 역할 등 세 가지로 나누어 살펴볼 수 있다.

1. 부조부조정실에서의 역할

- PD는 카메라 앵글과 사이즈, 워킹 등 카메라 전체 운영과 출연자의 동선과 제스처, 멘팅menting 등에 관한 연출과 스튜디오 안에서 이루어지는 모든 상황에 대해 무한 책임을 진다.

- PD는 부조와 스튜디오 내의 모든 스텝에게 자신의 콜call을 확실히 인지 할 수 있도록 크고 명확한 목소리로 의사를 전달한다.

- PD의 콜은 다음의 순서에 따라 행한다. ① 카메라별 담당자 확인 ② 출연자 위치확인 및 마이크 테스트 ③ 부조 스탠바이 ④ VTR맨 녹화 시작 ⑤ 스튜디오 스탠바이 큐

- 카메라에 대한 PD의 콜은 '카메라 원 스탠바이 컷' 등으로 한다.

- TDTechnology Director, 기술 감독는 PD의 콜에 따라 스위쳐를 통해 카메라 선택과 각종 이펙트 처리를 담당한다.

- VTR 맨녹화 담당자은 PD의 콜에 의해 선택된 영상을 녹화 처리한다.

2. 스튜디오 카메라맨의 역할

- 카메라맨은 부조에서 전달되는 PD의 콜에 따라 정확한 카메라 워킹을 수행한다.

- 카메라맨은 스튜디오 카메라의 설치와 철수를 책임진다. 이때 카메라 케이블을 밟지 않도록 주의한다.

- 카메라 운용은 다음과 같이 한다. ① 출연자 눈높이에 맞추어 카

메라 높이를 조정하고 수평을 맞춘다. ② 틸트 바tilt bar와 팬 바pan bar를 자신이 사용하기 편하게 느슨한 상태로 조정 한다. ③ 출연자를 클로즈 업 하여 포커스를 맞춘다. ④ 카메라 운용을 시작한다.

3. 출연자의 역할

- 출연자는 준비된 원고를 충분히 숙지하여 자연스러우면서도 명확하게 메시지가 전달될 수 있도록 노력해야 한다.
- 출연자의 시선은 중앙에 있는 카메라 2를 보도록 한다. 이때 당당하면서도 친숙한 표정으로 카메라를 바라본다.
- 목소리를 효과적으로 전달하기 위해 마이크와 적당한 거리를 유지한다. 너무 가까이 사용하여 퍽퍽 소리가 나지 않도록 주의한다.
- 출연자의 위치는 카메라 2 앞에, 그리고 조명이 자신의 얼굴에 가장 잘 닿은 곳에 자리하도록 한다.

03 편집

실제 제작을 위한 효과적인 편집 노하우를 살펴보면 다음과 같다.

- 컷 편집의 호흡은 기본적으로 3초에서 5초 정도이다. 이를 '삼오 룰3,5 rule'이라고 칭해 보자. '삼오 룰'보다 짧으면 플레쉬flash 컷이 되고 길면 느슨한 영상이 된다. 편집 초보자들이 처음으로 부

뒷치는 난관은 촬영한 컷의 길이를 어떻게 편집해야 할지 헷갈려 하는 것이다. 기본적인 컷 길이를 쉽게 정할 수 있는 방법은 마음속으로 하나에서 넷까지 세어 보면 된다. '하나, 둘, 셋, 넷, 컷!' 하면서 길이를 계산하면 된다. 물론 인터뷰나 대화 내용이 긴 경우, 동작이나 행위가 연속적으로 이어지는 경우, 급박한 상황이 발생한 경우 등은 '삼오 룰'의 적용을 받지 않는다. 상황에 맞게 길게 편집해도 무방하다.

- 영상의 배열순서는 풀 샷 - 미디엄 샷 - 클로즈업의 순서대로 편집하는 것이 좋다. 또는 클로즈업부터 시작해서 반대로 편집해도 무방하다. 이렇게 편집하는 이유는 시청자가 영상내용을 객관적으로 알 수 있게 하기 위해서이다. 큰 사이즈의 영상을 통해서 내용의 전체적인 상황을 인지할 수 있게 하고, 그 다음 중간 크기의 영상과 가장 작은 사이즈의 영상을 통해서 구체적인 내용을 파악할 수 있도록 유도한다.

다시 말해 콘텐츠 내용을 쉽고 편안하게 소비할 수 있도록 하기 위해서이다. 만약에 풀 샷 만 배열한다면 시청자들은 디테일한 내용을 알 수 없고, 클로즈업만 배열한다면 전체적인 상황을 파악할 수 없을 것이다.

- 편집에서는 시간의 일치가 중요하다. 밤 씬을 편집하다가 갑자기 낮 씬으로 붙인다면 시청자들은 혼란스러울 것이다. 또는 여름에서 갑자기 눈 오는 겨울로 넘어간다면 콘텐츠의 내용 파악이 힘들 것이다. 이 같은 경우 두 씬 사이에 적절한 점프jump 컷을 삽입하거나 디졸브dissolve 등 이펙트를 사용하여 자연스럽게 시간의 흐름을 알 수 있도록 유도해야 한다.

- 동작의 일치도 중요하다. 앞서 촬영에서 살펴본 것처럼 더블 액션을 지키면서 동작이 일치되게 편집해야 한다. 커피 잔을 들고 말했으면 잔을 드는 행동이 자연스럽게 연결되도록 편집하고, 화면 밖으로 나왔다가 들어가는 프레임 인-아웃frame in–out도 팔이나 다리 동작이 일치되도록 편집해야 한다.

- 편집하고자 하는 컷에 움직임이 있다면 정지 컷 보다는 움직이는 컷과 편집하는 것이 좋다. 예를 들어 패닝한 컷과 패닝한 컷이 연결되는 것이 자연스럽다. 그렇지 않고 정지 컷과 편집된다면 화면이 튀어 보여 좋지 않다. 마찬가지로 정지 컷은 정지 컷과 붙이는 것이 좋다. 이른바 'MCmoving cut - MC', 'SCstill cut - SC' 법칙이다.

- 무엇보다 편집의 가장 큰 원칙은 시청자를 먼저 생각해야 한다는 것이다. 시청자에게 무엇을 보여줘야 할지, 어떤 상황을 말할 것인가를 항상 생각하면서 편집해야 한다.

말하려는 메시지가 잘 전달될 수 있는지, 시청자들이 콘텐츠 내용을 쉽게 이해할 수 있는지를 염두 해 가면서 편집해야 한다. 연출자 개인의 취향대로만 편집한다면 시청자들은 채널을 돌려 버릴 것이다.

04 완성녹화

완성녹화를 할 때 주의해야 할 점을 살펴보면 다음과 같다.

- 완성녹화 과정에서 아마추어 제작자들이 저지르기 쉬운 실수의 대부분은 자막과 관련된 것들이다. 먼저 자막의 수는 화면 하단에서 2줄을 넘지 않도록 해야 한다. 2줄을 넘어서면 영상이 가려지고 가독율도 떨어진다. 자막을 넣었다가 빼는 시간은 삽입된 자막을 소리 내어 읽어 보면 쉽게 알 수 있다. 예를 들어 '서울대공원'이라는 자막을 넣었을 때 빼는 타임은 소리 내어서 '서울대공원 하나 둘' 한 다음 자막을 빼면 된다. 대부분 자막을 넣었다가 눈으로 읽은 후 바로 빼게 되는데, 이럴 경우 시청자들이 자막을 충분히 인지하지 못하게 된다. 또한 자막 사용을 최대한 절제해야 한다. 영상으로도 충분히 알 수 있는 내용을 굳이 자막으로 중복해서 처리할 필요가 없다. TV를 보면 쓸데없는 자막을 많이 볼 수 있는데, 이는 자막 공해이다. 절제된 자막 사용을 통해 콘텐츠의 질을 높여 보자.

- 두 번째는 오디오와 관련된 것이다. 영상에는 많은 오디오들이 나오게 된다. 내레이션은 기본이고, 현장음 뿐 만 아니라 음악과 음향 효과까지 다양한 오디오들이 뒤섞이게 된다. 상황에 따라 주요 오디오가 바뀌게 되는데, 이때 오디오 톤을 정밀하게 조정해야 한다. 대부분의 콘텐츠는 내레이션이 오디오의 중심이 된다. 따라서 내레이션이 전개될 때는 다른 오디오는 낮추고, 내레이션 볼륨은 높인다. 이밖에도 현장음이 중요할 때나 영상과 음악만으로 갈 경우가 생기면 각각의 상황에 맞게 오디오 톤을 적절히 조정해야 한다.

- 완성녹화를 하다 보면 넌리니어 편집기의 다양한 이펙트 기능에

현혹되기 쉽다. 그러나 이펙트 사용을 남용하다 보면 전체 콘텐츠의 질을 현저히 떨어뜨리게 된다. 콘텐츠의 내용보다는 표현형식에 집착해서 메시지는 없고 테크닉만 난무하는 결과를 초래하기 쉽다. 절제된 이펙트 사용이 필요한 것이다.

이외에도 타이틀과 본격적인 방송내용의 구분을 명확히 할 필요가 있으며 참여 스텝들을 보여주는 마지막 크레딧 제작에도 신경을 써야 한다. 그리고 전체 방송시간러닝타임에 대한 주의도 필요한데 너무 길면 지루하고 짧으면 내용전달이 미흡할 수 있기 때문이다. 마지막으로 족보라 해서 콘텐츠 명과 제작된 날짜, 방송일시와 제작자, 러닝 타임 등이 기록된 테입 사인tape sign을 만들어 앞 타이틀 앞에 삽입한다.

참고문헌

김규원, 김재호(2000). 『예비 방송인을 위한 디지털 방송 기획제작』, 가산.

김석호(2004). 『통합 TV제작 실습론』, 숲속의 꿈.

김성호(1997). 『방송 어떻게 만들 것인가』, 제삼기획.

김혁조(2009). 『미셸 푸코의 눈으로 본 TV 드라마 제작과정』, 한국학술정보.

데이비드 하워드(1999), 심산 역 『시나리오 가이드』, 한겨레 신문사.

박흥영(2013). 『텔레비전 콘텐츠 제작론』, 양서각.

심길중(2011). 『텔레비전 제작론』, 한울.

설진아(2013). 『방송기획제작의 기초』, 커뮤니케이션북스.

손인식(2004). 『특수영상 촬영기법』, 한국방송진흥원.

아이버 요크 저/백선기 역(2002). 『텔레비전 뉴스 제작론』, 커뮤니케이션북스.

이규태(2005). 『디지털방송 영상제작 기기』, 영진서관.

이영삼(2004). 『텔레비전 영상제작론』, 나남.

오야마가쓰미(1995), 『방송 프로그램 제작현장에서』, 나남.

유승식(2013). 『방송시스템과 영상제작』, 구민사.

윤호진(2003). 『디지털 뉴스 룸과 방송 저널리즘』, 커뮤니케인션북스.

정동욱(2008). 『방송특수영상 제작 실무』, MJ 미디어.

최양묵(2010). 『텔레비전 다큐멘터리 제작론』, 한울 아카데미.

최충웅(1999). 『텔레비전 제작실무론』, 나남.

한인규(2006). 『디지털 시대의 방송프로그램 제작론』, 홍릉과학출판사.

허버트 제틀/임영호 등역(2009). 『방송제작론』, 청문각.

Miller, William C.(1990). 『Screen writing for Narrativc Film and Television』, 전규찬 역(1995). 『드라마 구성론』, 나남.

Millerson, G.(1983). 『Effective TV Production』, 안병률 역(1995). 『텔레비전 제작실무』, 나남.

Millerson, G.(1993). 『The Technique of Television Production』, 한국방송개발원 역(1995). 『비디오 프로그램 제작』, 나남.

Rabiger, Michael(1997). 『Direction the Documentary』, 조재형, 홍형숙 역(1997). 『다큐멘터리』, 지호.

Zettl, Herbert(1999). 『Sight, Sound, Motion: Applied Media Aesthetics』 (3rd.ed.), 박덕춘, 정우근 역(2002). 『영상제작의 미학적 원리와 방법』, 컴북스.

Zettl, Herbert(2000). 『Television Production Handbook(7th. ed.)』, Belmount.